新聞記者が見た古代日本

発掘の現場から

関口和哉［著］
SEKIGUCHI KAZUYA

雄山閣

はじめに――なぜ文化財を報じるのか

発掘現場から

遺跡の発掘調査現場を眺めているのが好きだ。調査担当者らが泥だらけの地面にしゃがんで作業する姿は、遺跡と対話しているようにも、大地に祈りをささげているようにも見える。この地で過去にどんな人が、どんな営みをしていたのだろうか――。あれこれ思いを巡らせるうち、時がたつのを忘れてしまう。こうして、いくつもの現場に足を運んできた。

そのうちの一つに、私にとって大きな転機となった遺跡がある。鳥取県淀江町《よどえちょう》（現・米子市）の上淀廃寺《かみよどはいじ》。読売新聞大阪本社に採用されて二年目、鳥取支局（鳥取県鳥取市）に勤めていた一九九一年、上淀廃寺から白鳳時代の極彩色壁画が発見され、その取材班に加わり、現場を踏んだ。法隆寺（奈良県斑鳩町《いかるがちょう》）の金堂と高松塚古墳（奈良県明日香村）ぐらいしか知られていなかった貴重な古代壁画が、バラバラになって地中から現れた衝撃。しかも当時の中央（奈良）から離れた山陰で発見された意外性。かけだしの記者だった私は、先輩たちが書いた記事が紙面を埋め尽くすのを見て、「事件・事故以外に、新聞にはこんな世界があるのか」と驚いた。遺跡の取材に強い関心を抱き、将来、専門記者になりたいと思うきっかけになった。

次いで印象に残った現場は、一九九五年に奈良～平安時代の長大な建物跡一〇棟がずらりと並んで見つかった鳥取県倉吉《くらよし》市の不入岡《ふにおか》遺跡だ。古代の役所の特徴であるコの字形に配された細長い建物もあり、調査した倉吉市教育委員会は、時期や建物配置から、伯耆《ほうき》国（現・鳥取県西部）の国庁（役所）と税を納めた倉庫群の可能性が高いと判断した。

万葉歌人として知られる山上憶良《やまのうえのおくら》（六六〇～七三三？年）が伯耆国司（知事）を務めた時期にあたり、庶民の困窮した暮らしぶりを詠んだ憶良の代表作「貧窮問答歌《ひんきゅうもんどうか》」は、こうした大規模な倉庫群を満たすために苛烈な税の取り立てがあったことをうかがわせ、憶良が実際にその光景を目にしたのではないかと想像させる。大学時代に日本の古代文学を学んだこともあり、『万葉集』や憶良をより身近に感じることができた。

もっとも足しげく発掘調査現場をのぞいたのは、一九九八年から四年半、日本の文化財報道の中心地と言える奈良県橿原《かしはら》市の橿原通信部（現・橿原支局）に在任したころだ。奈良県立橿原考古学研究所、奈良国立文化財研究所（現・国立文化財機構奈良文化財研究所）、明日香村をはじめとする市町村教育委員会が実施する遺跡の発掘調査現場を連日訪れた。一日の作業の始まりから終わりまで、ずっと同じ現場を見続けていたこともある。

同じ遺跡に何度も足を運ぶ必要があるのかと問われれば、「記事に必要だと思ったから」と答えるしかない。刻々と変化する調査は生ものだ。一日で遺跡の評価がガラリと変わってしまうこともある。「新聞記者は足で稼げ」と言われる。それを実践しただけだとも言える。その一方で、調査現場で調査担当者と会話したり、自分なりに遺跡の意義を考えたりすることが、心底面白かった。その気持ちが現場に向かわせたのは間違いない。

文化財報道とは何か

「文化財報道」とは、主に遺跡の発掘調査成果を報じることだ。「遺跡報道」「埋蔵文化財報道」「考古学報道」といろいろな言い方があるが、決まったものはない。これまで埋蔵文化財（遺跡）だけではなく、古文書や古建築、保存科学なども取材の対象にしてきたため、「文化財報道」と呼びたい。

文化財報道は一九七二年、高松塚古墳の極彩色壁画の発見に始まった。それまでは、どれほどの大発見であっても発掘調査成果が新聞の全国版に大きく掲載されることはほとんどなかった。それが高松塚壁画の発見を機に一変した。

橿原市役所にある橿原記者クラブには正加盟・準加盟合わせ、新聞六社、通信社二社、テレビ六社のマスコミ一四社（二〇二一年四月現在）が加盟している。都道府県庁所在地以外の記者クラブでは異例だ。これも高松塚発見の〝遺産〟と言える。

高松塚以降も、奈良県内で重要な古代遺跡の発見が相次いだ。墓誌が発見された太安万侶《おおのやすまろ》墓（奈良市）、豪華な馬具が副葬されていた藤ノ木《ふじのき》古墳（斑鳩町《いかるがちょう》）、大量の木簡が見つかった長屋王《ながやおう》邸跡（奈良市）、三角縁神獣鏡《さんかくぶちしんじゅうきょう》三三面が出土した黒塚《くろづか》古墳（天理市）、二例目の極彩色壁画が確認されたキトラ古墳（明日香村）、最初の国営寺院・百済大寺《くだらのおおてら》跡とされる吉備池《きびいけ》廃寺（桜井市）、最古の貨幣・富本《ふほん》銭《せん》を造った総合工房跡・飛鳥池遺跡《あすかいけ》（明日香村）、斉明天皇が営んだ水の祭祀場《さいし》・酒船石遺跡《さかふねいし》（明日香村）、天武天皇らが遊んだ飛鳥京跡苑池《えんち》（明日香村）、邪馬台国時代の古墳と判明したホケノ山古墳（桜井市）、邪馬台国の最有力候補地・纒向遺跡《まきむく》（桜井市）、国内最多の鏡八一面分の破片が確認された桜井茶臼山古墳《ちゃうすやま》（桜井市）――。数えあげればきりがない。

また、上淀廃寺もそうだったが、銅鐸《どうたく》三九個が見つかった加茂岩倉遺跡（島根県雲南市）や、巨大な柱跡が出土した出雲大社旧境内（島根県出雲市）など奈良県外の遺跡にも橿原の記者が応援に駆け付けた。

これらの遺跡の調査成果は、いずれも大きな記事として新聞に掲載された。藤ノ木古墳や黒塚古墳のように、キャンペーン的に連日記事が掲載された遺跡もある。

なぜ、文化財はここまで手厚く報道されてきたのだろうか。その理由は次の五点にあると考える。

ニュース性

新たに発見された遺構、遺物は単純にニュースであること。地下に埋もれ、現代の誰も知らなかった歴史的な事実が現れる。しばしば学問的な価値とは一線を画した「最古」「最大」「最初」などの意義付けが行われ、その功罪が取りざたされている。だが、それも含めた新発見の驚きと感動は、ニュースの本質と言える。

「文化財ニュースの多くが発掘ニュース、つまり考古学的な『発見』のニュース」であり、「文化財記事は学術記事ではなく『ヒマダネ的事件記事』」（共同通信社社会部編『共同通信社会部』）という指摘もある。「ヒマダネ」とは文字通り、紙面がすいている暇なときに載せる話題モノの記事を指す。新聞記事だからといって学術的な意義をないがしろにしてよいはずはなく、全面的には賛成しかねるが、人命や暮らしに関わらないという点で、「ヒマダネ」という指摘も否めないだろう。

歴史のロマンとミステリー

単純に歴史のロマンとミステリーを感じられる面白いネタであることも理由に挙げられる。NHKの大河ドラマや歴史小説のような物語性があればなおさら。こう言うと専門家から叱られるだろうが、邪馬台国の所在地論争のように、プロ、アマ問わず参加できるのも魅力だ。一部の専門家から、歴史作家らの説などに対し、「素人が誤った説を広げて困る」というような意見も聞かれるが、想像の翼を広げる自由を制限しない方がよい。

何より多くの人に歴史に関心を持ってもらうことが大事であり、次のステップとして、何が正しくてそうではないか、自ら判断してもらえばよい。

新聞記事で言えば、多くの読者に限られた紙面のなかで要点を伝えなければならないので、おのずとざっくりとした説明しかできなくなる。

ただ、記者や原稿の手直しをするデスクが不勉強な場合は、面白さを突き詰めようとして事実を逸脱する危険はある。面白ければ何でも許されるわけではないと、自戒を込めて述べておきたい。

地域に勇気を与える

森浩一・同志社大学名誉教授（考古学）が指摘したように、考古学は「地域に勇気を与える」学問だからだ。極端な例を挙げれば、奈良県明日香村は、現在では過疎高齢化が進む一地方の村に過ぎないが、七世紀には日本の首都であり、遣隋使の派遣や冠位や律令（法律）の制定など日本が国家としての体裁を整えた重要な地だった。極彩色壁画が出土した上淀廃寺をはじめ、発掘調査によって地方にも当時最先端の文化があったことが明らかになるのは、地方の住民を大いに勇気付けるに違いない。史跡公園として整備され、観光地としてにぎわっている遺跡も多い。地域の誇りや地域振興に直接つながる学問は、そう多くはない。

遺跡保存の参考

発掘調査は開発に伴う緊急調査が大半。調査後、記録を残して破壊されてしまう。果たしてそれでよいのか、読者が考える手がかりになる。高松塚古墳をはじめ、邪馬台国ブームを起こした佐賀県吉野ケ里町《よしのがりちょう》・神埼市の吉野ケ里遺跡、国内最大級の縄文遺跡、青森県青森市の三内丸山《さんないまるやま》遺跡など、開発に伴う調査で発見され、報道が保存を後押しした例は少なくない。一方、兵庫県尼崎市の武庫庄《むこのしょう》遺跡は、弥生時代最大級の大型建物跡が見つかりながら、阪神大震災の復興事業によって、遺跡の全容解明がされることなく消滅してしまった。人命救助やライフラインの復旧が急がれるなか、復興の名のもとに多くの遺跡が十分な調査をされずに破壊されたことは当時、ほとんど報じられなかった。

日本全国が遺跡だらけなのだから、現代の私たちが遺跡を全く壊さずに暮らすことはできず、掘り出された土器や瓦といった遺物全てを保管するのは物理的に難しい。過去の人々の痕跡（遺跡）より、現代の暮らしが大切なのは言うまでもない。どこまでが保存されるべきで、どこまでが保存しなくて許されるのか。それを考える手がかりや目安を住民に提供するのは、報道の役目と考える。

歴史観形成の手がかり

最後に私が近年、最も重要だと考えるに至った理由を述べたい。新聞の読者一人一人が、自分自身の歴史観を形成する手がかりを提供することだ。歴史に無縁の人はおらず、だれもが大きな歴史のなかに身をおいている。歴史を学ぶことは、過去を顧みて未来へ生かすため、万人に必要なことだと考える。

文化財報道によって、知られざる歴史、書かれざる歴史を知ることは、未来をよりよく生きるための歴史観を形成するのに貢献できると信じている。

「歴史観」は「歴史認識」と言い換えることも可能だ。最近、歴史認識というと、中国や韓国に対し、どのような歴史観を持っているかに限定されるケースが多いようだが、もっと広くとらえられてよい。

正しい歴史を知ってこそ、正しい判断ができる。何が正しいかは国や時代によって違い、「だれにとっても、いつでもどこでも絶対に正しい歴史」というのは、ありえないかもしれない。だが、「より正しい歴史」に近づくことは可能だと考える。

偏った歴史観や、ＳＮＳやインターネット上に広がる悪意のデマや誤った情報に踊らされることなく、自分なりの歴史観を身に着けることは、現代のグローバル化に反するような言動を重ねる政治的な指導者が、日本だけではなく世界各地に現れるなか、何よりも必要なことだと考えている。

二〇二二年は、高松塚古墳壁画が見つかって五〇年。それは、本格的な文化財報道が始まって五〇年ともいえる。その節目を前に約二〇年間、三～八世紀に日本の中心地だった奈良県と大阪府を中心とした発掘調査現場で考えたこと、報じたことをつづりたい。体系的に「文化財報道五〇年」をまとめたものではなく、限られた個人的な経験に基づいてはいるが、少しでも日本の文化財報道について知っていただき、日本の古代史に関心を寄せていただければ幸いだ。

◆新聞記者が見た古代日本――発掘の現場から―― 目次◆

＊文中の肩書きは原則として取材当時
＊『日本書紀』は岩波文庫版から引用し、一部ルビを改めた
＊読売新聞の記事は掲載日、引用した内容ともに大阪本社版

第一章　古墳壁画の危機と文化財保存

高松塚古墳壁画の汚れを落とす技術者
(2012年、奈良県明日香村で)

図１　修理を終えた高松塚古墳壁画の
西壁女子群像（文化庁提供）

1　高松塚古墳壁画を守る

壁画修復作業の終了

「飛鳥美人修復終える」。二〇二〇年三月二七日の読売新聞朝刊社会面に、奈良県明日香村の高松塚古墳の極彩色壁画について、文化庁による修理が終わったことを報じる記事が、「飛鳥美人」として知られる西壁女子群像のカラー写真とともに掲載された。飛鳥美人は一見すると、一九七二年の発見当時の状態と変わらないようにも見える。だが、劣化は確実に進み、元通りにはならなかったのだという。記事は、淡々と事実関係を述べていた。

壁画がカビで黒ずむなど劣化していることが判明したのは二〇〇四年のことだった。文化庁が監修した『国宝高松塚古墳壁画』（中央公論美術出版刊）に無残な壁画の写真が掲載され、専門家らが問題視したのだった。

文化庁は検討委員会の協議を経て二〇〇七年、石室を解体し、壁画が描かれた石材を村内の修理施設に移し、翌年からカビの除去などの保存・修復作業を始めた。当初一〇年の予定だったのが、技術開発などの都合で二年延びた。壁画発見から四八年、劣化の判明から一六年がたっていた。

壁画は明日香村内での保存、公開は決まっており、具体的にどこで保存し、どう公開するかが検討されている。

文化庁は石室解体前、保存処理終了後、元に戻せる環境ができたら墳丘内に戻すと説明していたが、壁画が描かれた面を上にし、温・湿度を管理した博物館的な環境でぎりぎり維持できている現状を考えれば、事実上、再び石材を組み立てて壁画を古墳に戻すのは不可能だ。ましてや保存施設ができて、そこに収まれば、再び劣化する危険を冒してまで墳丘内に戻す必然性はなくなる。

ただ、国宝の壁画があるからこそ、高松塚古墳は特別史跡に指定された。壁画がなくなり、元に戻らないのが確実なら、特別史跡と言えるのだろうか。それでも文化庁に特別史跡の指定解除の動きはない。

日本に古代史ブーム、明日香ブームを起こした高松塚古墳の壁画を描いた石室が解体され、壁画が墳丘からなくなるという衝撃。特別史跡を国が破壊するという、日本の考古学史上の画期となる出来事だった。だが、すでに一般の人の関心は薄れ、風化が進んでいるようにも感じられる。

くしくも壁画発見と同じ桜の花がほころぶ三月。新聞に見入りながら、苦い思いをかみしめた。

壁画発見三〇年

二〇〇二年二月二四日、高松塚古墳壁画の発見から二〇年を記念し、調査を主導した網干《あぼし》善教《よしのり》・関西大学名誉教授（考古学）と元学生ら約三〇人が調査後、初めて明日香村に集まる、〝同窓会〟を開いた。もう一人の調査担当者、伊達宗泰・花園大学名誉教授（考古学）も駆け付け、和やかな雰囲気だった。

網干名誉教授の表情が一変したのは、「発見以降、壁画は見ましたか？　壁画はどうなっているんですか？」と尋ねたときのことだった。

網干名誉教授はたちまち表情をこわばらせ、「見ていないから、わからない。国がきちんと守ると言っているものを、わざわざ確認する必要はない。国に任せたんだから大丈夫だ」と少し怒ったような強い口調で話した。「国からは何も言ってこないんですか？　発見時と比べられるのは網干先生だけなのに」と問いかけると、「国からは何も言ってこないよ。こちらから見せてほしいと頼む筋合いでもない」とのことだった。通常なら最初の状態をよく知る調査担当者に助言を求めるはずだが、何の連絡もしてこない国に対し、少し意固地になっているような印象も受けた。

実は、網干名誉教授にこんなことを聞いたのには理由がある。壁画発見三〇年の機会に節目の記事を書こうと取材を始めたところ、知人の研究者から「壁画が劣化しているという噂がある。でも、保存のため一般に非公開だから確認しようながない」という話を聞いたからだった。文化庁に電話取材したが、納得のいく説明は得られなかった。

当時、多数の鳥形木製品などが出土した奈良県大和郡山市の水晶塚古墳（三月八日朝刊）、国内最大級の横穴式石室と家形石棺が確認された奈良県御所市の條ウル神古墳（三月一五日朝刊）、縄文時代晩期の人骨に殺傷痕があり、縄文時代に戦争があったのかと話題になった高知県土佐市の居徳遺跡群（三月二〇日朝刊）などの文化財記事の取材がたて続けにあり、さらにサッカーワールドカップ日韓大会でチュニジア代表が橿原市にキャンプすることが決まって連載記事の準備に追われていたこともあって、東京へと出張して文化庁の担当者を問いただすことまでは考えが及ばず、実際に、そんな時間もなかった。今となっては、すべてが言い訳でしかないが。

このため三月一九日朝刊の一ページ特集で、「高松塚古墳発掘から三十年」の特集記事を掲載したが、保存については以下のように書くにとどまった。

〈文化庁と東京文化財研究所の職員が年に数回、中に入って行う点検は、土のはく落止め工事のあった二年前の冬から月一回程度に増えたが、それ以外は固く閉ざされたままだ。点検は石槨内に滅菌服を着た職員が潜り込み、一回あたり約二十分と制限付き。終了後は、雑菌を防ぐため薫蒸もしている。

研究者から、壁画のはく落止めに使った合成樹脂のためか、発見時より色がくすんだという指摘もあるが、文化庁が公開をしないため確認はできない。十回前後、石槨内に入った文化庁美術学芸課の林温・文化財調査官（47）は「自分の見た限り、目立った変化はない」と否定する〉

最新の写真の提供を文化庁に要求したが、この特集の掲載日までに届かず、三月二七日の読売新聞奈良県版に、ようやく提供を受けた「二〇〇二年一月九日撮影」という説明のカラー写真を掲載した。わずかに北壁の玄武と、東壁男子群像の青色がわかる程度で、劣化しているかどうかは確認できなかった。網干名誉教授の「調査以来、実物を見たことはない。国民の関心事であり、実物は無理でもビデオや写真で最新の映像をもっと公開すべき」というコメントも紹介している。

まさか文化財を保護する立場の文化庁が、国宝壁画の保存について嘘をつくとは思いもしなかった。間抜けなことに、私は文化庁にすっかり騙《だま》されていたのだった。

劣化の発覚

釈然としない思いを抱きつつ、高松塚壁画の保存問題は自分のなかで、終わったことと思っていた。だが、あの日を迎えることになった。文化庁監修『国宝高松塚古墳壁画』（中央公論美術出版刊）の画像を基に、二〇〇四年六月二〇日、朝日新聞の朝刊一面トップに「高松塚『白虎』劣化進む　発見32年輪郭ぼけ変色」という高松塚古墳壁画の劣化を報じる特ダネ記事が掲載されたのだ。西壁の白虎は、墨の描線がほとんど消えかかっていた。読売新聞も翌二一日朝刊社会面で「薄れる白虎　高松塚壁画30年経て劣化」という記事を掲載した。

『国宝高松塚古墳壁画』の刊行は知っていたが、まだ入手できていなかった。「やられた」という思いと、「やはり」という思いが交錯した。その後、マスコミ各社が劣化を一斉に報じ、一連の報道で、朝刊特集の取材で文化庁の担当者に嘘をつかれていたこと、その時に文化庁から提供された写真は「二〇〇二年一月九日」ではなく、それ以前に撮影されたものであることなども次々に明らかになった。あまりのことに呆然とする思いだった。

〈古墳壁画の場合、壁画は古墳の石槨と一体であり、価値の本質もそこに在る。従って壁画を剥がすということは石槨そのものの価値を傷つけることである、壁画の価値を第一に考えるならば壁画は石槨と共にあるべきである。では石槨ごとに博物館施設に移すのはどうか。何かを特定に活かすことは何かを特定に傷つけることになる。文化財の本来の在り方の構造に手を入れるということは、総合体としての文化財の価値、生命そのものに影響を与えることであり、その行為の及ぼす範囲を見極め、その予想される結果を厳格に評価しなければならないのである〉

『国宝高松塚古墳壁画』のなかで、古墳壁画の保存について渡邊明義・東京文化財研究所長は、こう述べている。まさに「現地保存」という文化財保存の鉄則を述べる一方、石室解体を予言していたかのように思えてならない。

なぜなら実際には、文化庁編『国宝高松塚古墳壁画―保存と修理―』（第一法規出版刊、一九八七年）には、壁画が描かれた漆喰《しっくい》が劣化してボロボロになっていることや、白虎の描線が消えつつあることがすでに報告されており、カビやゲル状物質の発生が続き、今日の科学技術では食い止められない状況を、渡邊所長は十分承知していたと考えられるからだ。

つまり、壁画の劣化が露見したとき、少なからぬ関係者は意外性に驚いたのではなく、「来るべき日が来た」と粛々と受け止めたのではなかったか。

文化庁、東京国立文化財研究所、奈良国立文化財研究所と高松塚古墳壁画の保存に関わった三機関にほぼ唯一所属していた三輪嘉六・九州国立博物館長（現・ＮＰＯ法人文化財保存支援機構理事長）の証言は重い。三輪館長は、劣化判明当時、私のインタビューにこう答えている。

〈高松塚壁画の発見当時は、文化庁記念物課の文部技官。若手で一番走り回らされていた。応急保存対策検討会で、現地保存か剥ぎ取りかという議論があったのは覚えている。「中国では壁画を剥ぎ取っているようだ」という話が出たが、中国の壁画とは下地となっている漆喰の厚さが違う。高松塚は漆喰の厚さが三〜五ミリしかなく、剥ぎ取るのは至難の技。正直言って、当時の技術ではできなかった。石室解体はあまり検討されなかった。それは、開発と発掘という当時の文化財保存を取り巻く状況があったからだ。

高松塚壁画の発見で、どんな小さな古墳でも大切だということになった。当時、「大きな古墳は大事、小さな古墳は大事ではない」という悪しき風潮があった。高度成長期に入って、開発優先の時代。二〇メートル未満の古墳は、つぶして開発してもいいとされ、実際にブルドーザーでどんどんつぶされていた。それが小さな古墳でも大事だということが認識された。その象徴となったのが高松塚だった。

開発側を納得させるためにも、現地保存は不可避だった。開発の歯止めとなる見本。それで、現地でしっかり保存しようということになった。だが、壁画は正面から光をあてて見た写真ばかりできれいに見えたが、実は酒粕《さけかす》が貼り付いたようなもろい状態。乾燥すれば、すぐにボロボロと落ちてしまう。湿気があればたちまちカビが生える。この難問をどうするか、担当者は日々、懸命に取り組んで

いた〉

一面の真実ではあったろう。だが、こんな損傷事故も明らかになる。

文化庁の発表などによれば、二〇〇二年一二月、石室内にカビが大発生し、二〇〇三年一月、点検した担当者が小型空気清浄機を倒し、壁画が描かれていない漆喰の余白部分を損傷した。さらに別の担当者が室内灯を倒し、西壁男子群像の一部を損傷したのだ。南から二番目の男子像の首から胸付近に縦五ミリ、横七ミリの半月状の傷だった。狭い空間で作業していたためのケアレスミスで、あってはならないことだった。それより大問題なのは、二度の損傷事故について、修理を担当した東京文化財研究所や文化庁が公表していなかったことだ。さらに事故を起こした担当者を状況証拠から特定したが、文化庁のヒアリングに対し、この担当者は最後まで自分が事故を起こしたことを認めなかった。責任逃れでなかったとしたら、まったく事故に気付かなかったということになり、あまりの無責任ぶりに戦慄《せんりつ》した。

文化庁が設けた調査委員会は二〇〇六年に出した報告書で、〈情報公開の重要性に対する認識の誤り〉〈事柄の重要性の度合いを判断できる体制とはなっていなかった〉〈壁画の全般的な状況について、意識的・継続的に情報を発信する配慮に欠けていた〉などと厳しく指摘した。改善策については〈組織としての文化庁のあり方を、この際基本から見直すとともに、情報公開・説明責任に対する感覚なども含め、文化財保護への真摯な取り組みに向けて職員の意識改革に全力を挙げること〉に期待することを提言している。文化財保護の基本に戻れということだ。現在、この提言が生かされていることを信じたい。

石室解体

文化庁などの情報隠しと縦割り行政が、高松塚壁画の劣化を深刻なものとし、最悪の結果を招いた。読売新聞は二〇〇五年四月一六日夕刊の一面トップで「高松塚壁画取り出し　石室解体を検討」という特ダネを掲載した。劣化が進行し、技術的に壁画を石壁からはぎ取るのも困難なため、文化庁の国宝高松塚古墳壁恒久保存対策検討会の作業部会が翌月の検討会に提案するという内容だった。報道通り、五月一一日に東京都内で開かれた検討会で、石室を解体し、墳丘外に取り出す恒久保存策が提案され、その後、承認された。

その過程で明らかになったのは、カビとの闘いだった。

石室の入り口は、コンクリートのトーチカのような保存施設が設けられていたが、「取合部《とりあい》」と呼ばれる墳丘との接続部分は、墳丘の土がむき出しになっていた。私は、この保存施設によって、石室内の温湿度が管理されていると勘違いしていたが、実際には石室に入る前室の温・湿度を管理しているだけで、石室内は自然の変化に任されていた。むき出しの土はカビの温床となり、一九八〇年、カビの大発生を招いた。一度目の大発生だった。

文化庁は「昭和のカビの大発生」と呼び、一九八四年ごろまで続いた。石室内の湿度環境の変化や選択した薬剤、度重なる石室内の出入りの複合要因の可能性が高いとした。

二度目は二〇〇一～〇五年ごろの「平成のカビの大発生」。こちらは保存施設の温度調整機能の不具合などによる石室内の温度上昇、取合部天井の崩落による微生物を多く含む土層の露出、不十分な生物対策で行われた取合部の工事の複合要因と推定した。

これらの生物被害と、使用した薬剤の使用、さらには修理のための頻繁な人の出入りがあいまって、壁画の劣化や損傷事故を招いたのだった。

その結果、壁画を現地で保存することが不可能になり、石室解体に至る。「文化財の現地保存」の原則に反する結論に、多くの専門家から反対の声が上がった。だが、かといって壁画の劣化や石室の崩落を防ぐ手立てがあるわけではなかった。

ある研究者から「石室を解体するぐらいなら、壊れるまで現地にとどめ置くべきだ。単なる美術品ではなく、古代の貴人の墓なのだから」という意見も聞いた。気持ちはわからないでもないが、危機的な状況が明らかになったのだから、現地で壊れるまま放置するわけにはいかない。壁画の救出が最優先されることになったのだ。

石室解体は二〇〇六年一〇月から約一〇か月の調査で石材の大きさや加工法などの資料を集め、作業は二〇〇七年四～八月に行われた。

石材を一枚ずつ他の石材から切り離し、専用の青い治具で挟んで吊《つ》り下げ、傷つかないように梱包し、金属フレームに固定して仮設修理施設にトラックで運ぶ。それが天井石四枚に始まり、壁画のある壁石七枚と、盗掘穴で壁画のなくなった南壁、床石四枚と計一六枚について繰り返された。石材は凝灰岩でもろくなっていて、作業中に壊れる懸念もあった。

私は社会部にいたが、橿原支局の取材班に加わり、連日、取材にあたった。石材が一枚取り出されるたびに、作業の進行に応じて、毎回、「成功」「失敗」「途中」の三種類の予定稿を用意し、作業がないときは、壁画をめぐる話題を記事にした。掲載された記事は合計一〇〇本以上になり、スクラップブックがたちまちいっぱいになった。

吊り上げ時にワイヤーがずれて石材が傾き、ひやりとする場面もあったが、損傷や事故はなく作業は無事終わった。解体が失敗するのではないかという懸念は杞憂《きゆう》に終わった。だが、心が晴れることはなかった。

図２　仮設保存施設で保存・修理された高松塚古墳壁画（2010年、奈良県明日香村で）

ラスコー洞窟壁画との共通性

フランス南西部、ワインで有名なボルドーがあるアキテーヌ地方のドルドーニュ県・ヴェゼール渓谷にあるラスコー洞窟は後期旧石器時代の約二万年前、クロマニョン人が描いた壁画で知られる。ラスコー洞窟壁画と高松塚古墳壁画には、意外な共通性がある。それは人為的な原因によるカビの大発生が問題となり、似たような経緯をたどったことだ。

ラスコー洞窟は総延長約二五〇メートル。一九四〇年、少年四人によって偶然発見され、最大五・五メートルの牛など動物を中心とした壁画や線刻画約二〇〇〇が描かれていた。一九四八年に一般公開されたが、見学者が殺到。方解石の膜ができて壁画が白く覆われる危険性も高まったため、一九六三年、作家としても知られるアンドレ・マルロー文化相が閉鎖を決定した。一九七九年、「ヴェゼール渓谷の先史的景観と装飾洞窟群」として世界遺産に登録されている。

二〇〇一年九月、ラスコー洞窟の床一面に真っ白い綿のようなものが広がっていた。保存にあたってきたフランス文化省の歴史記念物研究所（ＬＲＭＨ）の微生物責任者、ジュヌビエーブ・オリアル氏によると「野原に降り積もったばかりの雪」に見えたそうだ。ありえない光景に息をのんだという。

ＬＲＭＨに持ち帰って分析したところ、白い綿は高松塚壁画にも生えた「フザリウム」というカビだった。抗菌剤で除去したが、次々にカビは生えた。一気に食い止めようと、消毒用の生石灰を床全体にまく荒療治もした。カビ防止のため、薬剤をしみこませた不織布を湿布のように壁の下部にびっしりと貼った。いったんは、処理が成功したかに見えた。

だが、次には処理跡や天井に黒いカビが生えた。壁画が集中する「牡牛の広間」では、カビは絵の剥落部分にまで及んだ。高松塚同様、複数のカビとバクテリアが発生していたのだった。

ラスコー洞窟では、調査・保存のための科学委員会は休眠状態だった。だが、カビ問題をきっかけに文化相は二〇〇二年、新たな委員を任命し、活動を再開させた。

委員は四か国の研究者二五人。中には、壁画とはまったく無縁だった農学研究者もいた。その意見が保存方法に大きく影響した。消毒に使っていたエタノールはカビの栄養になり、新たなカビを招く。ホルマリンは無害の菌も殺して洞窟内の生態系を壊すばかりか、耐性菌を生む。翌年、薬剤の使用を原則、中止することにした。

洞窟内に人が出入りすることがカビ発生に大きく反映することもわかり、保存処理の担当者も含め、入る時間と人数を厳密に制限した。カビやバクテリアのＤＮＡ解析、岩の性質とカビ発生の因果関係、洞窟に浸透する地下水の分析――。さまざまな科学的な調査・研究が続けられた。

二〇〇六年秋、フランスを訪れ、ラスコー洞窟壁画のカビ問題を取材した。ドルドーニュ県の国立先史学センター。ＬＲＭＨと協力し、ラスコー洞窟の管理責任者を務める先史学者、ジャン・ミシェル・ジュネスト所長は「知っていることはすべて教える。批判も甘んじて受ける。カビ問題の対処には情報の透明性を最優先にしたい」と穏やかに語りだした。

ジュネスト所長は最初に医学、次いで地質学と考古学を修めた異色の経歴の持ち主。「政府や官庁の連中に言うことを聞かせるためには、科学的な説得力が必要だった」

文化省は当初、ラスコーのカビ問題の公表に消極的だった。しかし、ジュネスト所長ら研究者が約二年間、情報の公開を訴え続けた結果、科学雑誌「ラ・ルシェルシュ」への情報提供を認めた。ジュネスト所長らはリュック・アルマン副編集長に全面的に協力、資料を提供し、非公開の洞窟への立ち入りも許可した。

同誌は二〇〇三年四月号で「誰がラスコーを救うか」という記事を掲載、世界で初めてこの問題を取り上げた。

アルマン氏が注目したのは官僚の無責任さだった。カビ繁殖のきっかけは、洞窟入り口に取り付けられた冷却装置の交換工事。作業員は防カビ対策に無頓着で、現場は流れ込んだ雨水で水浸しになった。「保存や工事に携わった組織はどこも、横の連携なしに仕事を進め、責任の所在はあいまいだった」と手厳しい。

反響は大きかった。ジュネスト所長は「世界中から共同研究の提案が集まり、協力関係が築けた。国際的な注目が集まり、国も本気になった」と語る。だが、ヴェゼール渓谷には、ラスコー以外に、マンモスが描かれたルフィニャック洞窟、バイソンの絵などがあるフォン・ド・ゴーム洞窟などがあり、いずれも保存が課題となっている。ラスコーを主に、いまだ問題が完全解決にいたったわけではないところに壁画保存の難しいところがある。

実は高松塚壁画発見直後の一九七二年一〇月、文化庁はラスコー洞窟壁画に関係があるフランス文化省のY・M・フロワドボー歴史記念物主任調査官と、パスツール研究所のJ・フォション地中微生物・生物化学室長を招聘し、保存方法について諮問した。二人は壁画がもろく、現地保存は困難だとして〈この壁画は、剥《は》がして強化し、移し替えを行うべきだと思われる。この作業は現在では実現可能である〉と答えている。だが、採用されることがないまま、結局は石室解体に至る。

ラスコー洞窟では、現地近くにラスコー2という精巧な再現壁画を一九八三年に整備した。また、三次元レーザースキャンなど先端技術を使って作成し、展覧会などに持ち運び可能なラスコー3をつくり、実物の迫力がわかるような取り組みをしている。さらに二〇一六年には国際洞窟壁画センター内に洞窟内部のほぼ全体を再現したラスコー4もオープンした。高松塚壁画も模写や、レプリカを作成しており、明日香村の飛鳥資料館などで見学することができる。こうした取り組みは、ラスコー同様と言ってよい。

文化庁や東京文化財研究所は、フランス側とも情報交換しており、なぜ保存に生かせなかったのかも、今後、検証されるべき課題だ。

修理の進行

黒カビと茶褐色のゲル状物質に覆われた壁画は、とても元通りにはなりそうになかった。「どうすれば、きれいになるんだろう」。素人目には想像もつかなかった。

だが、東京文化財研究所の川野辺渉・保存修復科学センター副センター長はこともなげに言い切った。「元通りにできる」と。あまりに淡々と言われたので、川野辺氏の顔を二度見してしまった。「そんな自信たっぷりで大丈夫なのか」と不安になった。

修復作業は地味なものだ。掛け軸などの表具の修理を手掛ける国宝修理装潢師連盟の装潢師（技術者）が、細い筆で少しずつカビなどの汚れを除いていく。繊細で集中力が必要な作業だ。バクテリアなどが固まった茶褐色の硬い汚れは、酵素を用いた新技術で少しずつ軟らかくして除去した。最初に絵が描かれていない余白部分に着手。一年たち、二年がたつうち、徐々に汚れが少なくなるのが見てとれるようになった。そのうち、クリーニングをした部分としていない部分がはっきりわかるようになり、着実に作業が進行していることが、誰にでもわかるようになった。

川野辺氏に「本当にきれいになってますね」と言うと、「そりゃそうだよ。どこまでもきれいにできるから、元よりきれいになり過ぎないようにしないと」とニヤリとした。だが、川野辺氏らの努力でも、墨の描線が薄れた白虎や、壁画の剥落部分はどうしようもなかった。西壁女子群像はきれいになったが、白虎は修理の最終段階を迎えても、「少しはましになった」と言える程度にしかならなかった。

作業の進み具合を公表しようと、文化庁は二〇〇八年五～六月に初めて仮設修理施設で壁画を一般公開し、その後、原則として季節ごとに年四回、公開してきた。

定点観測する外部の人間がいなければ、また同じことが起きる。そんな懸念から、できる限り一般公開に足を運んできた。湿度を低く調整しているため、壁画は濡れて鮮やかな色ではなくなり、白っぽく見えるのが物足りなくもあったが、一〇年目には、壁画はきれいになり、漆喰も酒粕状のもろい部分があったという発見当初より、しっかりした状態になっているのが見てとれた。やはり実物が持つ迫力、というものが伝わってきた。

これまでの取材を通じて痛感したのは、古代の壁画保存の困難さと、官僚組織はマスコミをはじめとする第三者のチェックが必要だということだ。古代壁画を後世に守り伝えるため、新聞記者として何ができるのか。高松塚壁画の劣化を発見三〇年以前に報じることができ、何らかの対策が取られていたら高松塚壁画の保存状態は、今よりもよくなっていたのではないか。そんな答えの出ない問いが、私を今も苛んでいる。

2　キトラ古墳壁画を守る

朱雀の発見

この日もポツポツと雨が降り始めていた。「キトラで何かあるときは、いつも雨だな。被葬者が怒っているんじゃないか」。誰に言うともなしに口にすると、「そんなこと言うの、やめろよ」と誰かが小さく答えた。

二〇〇一年三月二二日、奈良県明日香村のキトラ古墳の墳丘を保護する仮設覆屋《おおいや》前の路上に、報道陣が所在なさげに集まっていた。キトラ古墳学術調査団（団長、関義清・明日香村長）が小型カメラを石室内に挿入し、撮影調査をしていた。午後二時過ぎ、ドッと覆屋内から歓声がわくのが漏れ聞こえてきた。「朱雀《すざく》が見つかったんだ」。予感はすぐに現実となる。

調査団メンバーが覆屋から出て、関村長が「朱雀が見えた」と興奮した様子で口にしたのだ。画像提供の準備などが整った四月四日朝刊で、朱雀の発見が大々的に報じられることになった。

実は、朱雀の画像を事前にある筋から参考資料として入手していた。だが、水銀朱で描かれているはずなのに赤くはなく赤紫色。そして目が鳥のものではなく、人間っぽい。「漫画みたいだな。だまされているんじゃないか？」。報道解禁はあったが、あえて掟破りをして事前に新聞掲載する手もないではなかったが、半信半疑だったが、記者発表当日。朱雀は事前に見た色合い、目だった。「本物の画像だったんだ」と心のなかで叫んでいた。いまにも飛び立ちそうな躍動感のある姿も、あまり見たことがない。玄武や白虎が、中国や朝鮮半島からもたらされた粉本《ふんぽん》（手本）通りに描かれているとみられるのに対し、自由な筆遣いだ。画師の力量が伝わってくる。あいにく嘴《くちばし》部分は薄れていて見えにくく、どんな形をしているのか、開いているのか閉じているのかもわからなかった。

嘴の形状が確認できたのは二〇一四年四～五月、東京国立博物館（東京都台東区）で開かれた特別展「キトラ古墳壁画」の会場で、大画面に拡大された画像をじっくり観察したとき。実に十三年の歳月がたっていた。

二〇〇一年四月二一日、読売新聞大阪本社と明日香村は、網干善教・関西大学名誉教授に協力を依頼し、緊急フォーラム「天翔《あまか》ける飛鳥の朱雀」を明日香村中央公民館で開催した。網干名誉教授、フレスコ画家の絹谷幸治・東京芸術大学教授、河上邦彦・奈良県立橿原考古学研究所副所長、宮島一彦・同志社大学教授（東アジア天文学史）らが参加し、最先端の調査・研究成果を報告した。フォーラムの内容は素晴らしかったのだが、個人的にはフォーラムに先駆けて、明日香村在住の書家・鈴木苞光《はこう》さんにフォーラムの題字を依頼し、いろいろなバージョンを書いていただき、鈴木さんが納得いく書を書かれるまで、傍らで制作の様子を邪魔しないようにじっと見守っていたことが、強く記憶に残っている。フォーラムにふさわしい素晴らしい作品を書いていただけたと思っている。

「トラや！」

朱雀発見から三年をさかのぼる。一九九八年三月五日、小雨が降るなか、キトラ古墳の墳丘前に設けられたテント内で、専門家らが石室の盗掘穴から小型カメラを挿入して内部を撮影する様子を、モニターを通じて見守っていた。すると、白く細長い縞模様のものが見え出した。

「何だろうか」。思う間もなく、「トラや！」。河上邦彦・奈良県立橿原考古学研究所調査研究部長の大声が響いた。東壁に描かれた四神図の白虎《びゃっこ》だった。河上氏らと一緒にモニターを見ていた百橋《どのはし》明穂《あきお》・神戸大教授（美術史）は「僕もすぐ気づいたけどね」と振り返る。天井には星座のようなものが見えた。現存で世界最古となる精巧な天文図だった。

奥壁（北壁）の玄武《げんぶ》も見え、東壁の青龍《せいりゅう》は泥に覆われ、赤い舌だけが見えた。古墳から二例目の極彩色壁画が見つかった瞬間だった。

高松塚古墳の壁画は玄武が損傷してわからなかったが、キトラはよくわかり、逆に青龍は高松塚がよくわかった。こうして比較できるようになったことで、古墳壁画の研究は、飛躍的に進展したのだった。

最も驚いたのは、天文図だった。三重の同心円と、中心を北西にずらして太陽の通り道・黄道《こうどう》を表す円の四つの円が書かれており、金箔《きんぱく》を朱線でつないで星空を表していた。まさに飛鳥のプラネタリウムだった。「精巧な」と言いつつ、間違いがあるなど、原図があり、天文図の知識のない画師《えし》が、見よう見まねで描いたものだと考えられた。

これもまた驚いたことに東アジアの天文図の専門家は少なく、もっぱら宮島一彦・同志社大学教授に教えを請うた。東アジアの天文図としては、中国・蘇州の碑刻博物館にある「淳祐《じゅんゆう》石刻天文図」（一二九〇年ごろ）、李氏朝鮮の「天象列次分野之図《てんしょうれつじぶんやのず》」（一三九六年）が知られるが、いずれよりも古い。宮島教授から「星宿《せいしゅく》（星座）の参宿《さんしゅく》はオリオンの三つ星、昴宿《ぼうしゅく》はスバルだよ」などと教えられては、「いにしえ人も同じ夜空を眺めていたのだな」と感動を深めた。

十二支像の寅

また、キトラ古墳関係で発表がある。橿原記者クラブにそんな連絡があった。内容は不明。どんなものか事前取材をしたが、関係者の口は固く、何もわからない。かん口令が敷かれていたのだった。それならば逆に何か大変なことがあるのではないかと、奈良支局から応援をもらい、大阪本社から写真部員も出してもらって人数を繰り出した。すると、発表会場にＮＨＫのテレビカメラのスタッフが二クルー来ているではないか。通常は一クルーか、記者がカメラを担ぐ。「ＮＨＫも何かつかんでいるのだな」と直感した。地元記者が一人だけの他社は、何が起きるのか不安そうな様子だったが、私も内容はわからないのだから不安は同じことだった。

記者発表が始まり内容は、「獣頭人身の十二支像が、古代日本で初めて見つかった」というものだった。東壁北側にあった寅《とら》ははっきり見え、北壁の東から丑《うし》、子《ね》、亥《い》の三つの像がぼんやりと見えた。さらに西壁北側の戌《いぬ》も一部が残っていた。十二支は年号や方角を表すものとして古墳時代から日本で知られていたが、動物そのものや漢字で表されていて、獣頭人身像はなかった。

第一印象は「新羅と似ているな」だった。韓国・慶州にある統一新羅の墓は、周囲を獣頭人身の十二支像の浮き彫りで飾っていることは知っていた。高松塚古墳壁画では、男女の群像だったが、キトラ古墳では男女群像がない代わりに、十二支像があったのだ。驚きだった。高松塚壁画は高句麗や唐の影響が指摘されてきたが、キトラ古墳は新羅の影響もあるのだろうか。そんな考えも浮かんだ。

十二支は、中国・後漢（一世紀ごろ）の書物に初めて一二の動物として登場する。十二支像の最古の例は六世紀初め、北魏時代の石窟で確認されている。キトラ古墳で明らかになった十二支像と四神像をセットで墓室に表現する文化は、中国でも八世紀前半から。唐代墓に納められていた「彩色十二支俑《よう》」などが典拠だが、時期的にはキトラ古墳よりやや遅れる。

つまりキトラ古墳の被葬者かその一族は、方位をつかさどる四神像と時間を象徴する十二支像の組み合わせが、中国の墓制で成立し始めた直後に、それをいち早く取り入れたことになる。

キトラは四神像の下部に十二支像を配したのに対し、高松塚は同じ位置に被葬者に奉仕した官人や侍女の群像を描いた。キトラが概念的な世界観を重視したのに対し、高松塚は世俗的な世界観を重視していたと言えないこともない。中国の思想が短時間でキトラから高松塚へと日本風に変容していったことを示すのかもしれない。キトラの天井の図も、天体観測に基づく粉本を基にした天文図だが、高松塚ではそれを簡略化し、図案にした星宿図に変わっていることも符合する。

また、寅像をよく見ると、線刻で下書きをした上に筆で着色しているようだ。どうもトレーシングペーパーのようにして手本を線刻で写してから、画師が筆で描いたらしい。こうした絵画方法がすぐ見てとれる点も、興味深かった。

二〇〇五年には、南壁中央の土に隠れた中から、壁画の顔料が土に転写された午《うま》が確認された。奇跡的に残った像が慎重な作業の末に取り外された。ただ、もろい土だけに、どうやって保存し、公開ができるか、まだ解決できていない。

キトラ古墳壁画の剥ぎ取り

二〇〇四年九月、キトラ古墳の保存・活用等に関する調査研究委員会で、壁画の全面剥ぎ取り（文化庁は「取り外し」と呼ぶ）が承認された。

壁画が描かれた漆喰は石壁から剥がれて浮いている部分があり、南海地震の発生が指摘されるなか、地震などの振動で崩落する危険性が指摘されていたからだ。高松塚古墳壁画の劣化問題もあり、石室内ではカビなどの発生を抑えることができないという理由も大きかった。人為ミスを重ねた高松塚古墳壁画のケースとは異なり、「崩落と劣化からの救出」という理由は、壁画を石室外に取り出す大義名分になった。

剥ぎ取りは表装の技術を用い、壁画面を保護してから、壁画が描かれた漆喰が石壁から浮いている部分は切り取り、付着している部分は「ダイヤモンドワイヤー・ソー」という糸鋸のような新開発の器具で、壁画から剥ぎ取っていく。

作業の様子は、担当する国宝修理装潢師連盟の技術者が緊張するなどの理由で非公開だったが、ダイヤモンドワイヤー・ソーを使う様子を動画で見ると、漆喰がボロボロ落ち、「取り外し」ではなく、「剥ぎ取り」という表現がふさわしいと思った。

剥ぎ取り作業を終え、埋め戻される石室が二〇一三年八月一七日、報道陣に公開された。空になった石室を初めて目の当たりにし、国宝級（二〇一九年に国宝指定）の文化財が本来あった場所で守られなかった喪失感と無念さを感じた。

石室を見られたのは五分間。だが、それで十分だった。文化庁は高松塚古墳だけではなく、キトラ古墳についても「環境が整えば石室に戻す」と説明してきたが、カビなどの生物被害や剥落を防ぐ手だてはなく、現実には不可能だ。

現在では、バラバラに取り出された四方の壁と天井は一つに接合され、古墳近くに整備された壁画保存管理施設「キトラ古墳壁画体験館　四神《しじん》の館《やかた》」で原則、季節ごとに期間限定で公開されている。博物館的な安定した環境で管理されており、劣化の危険性は少ない。

人為的な劣化の少なさや、剥ぎ取り作業の順調さをもって、「高松塚の保存は失敗だったが、キトラ古墳の保存は成功だった」とする意見もあるようだ。だが、文化財の現地保存の原則に立てば、どちらも失敗だった。いずれも古墳壁画を守ることはできたが、壁画古墳を守ることはできなかったのだ。

第三の壁画古墳を守るために

第三の壁画古墳が発見されたらどうするのか。知人の考古学者は「まず、見つけようとしないこと。仮に偶然見つかったとしても、すぐに現場を閉めて知らなかったことにする」と冗談めかすが、実際に見つかれば、知らぬふりはできまい。

図３　整備されたキトラ古墳。
壁画ははぎ取られて保存されている
（奈良県明日香村で）

高松塚古墳、キトラ古墳という二つの古墳壁画の現地保存が失敗に終わったことから、私たちが学ぶことは何なのか。それは、高温多湿、巨大地震が発生する日本の環境では、古墳壁画の現地保存は不可能だということだ。

では、今後、新たに古墳壁画発見されたらどうするのか。こうした議論は、いまだ十分になされていない。

墓（古墳）に付属するものなのだから、被葬者とともに腐朽していくのがよい、という考えもある。確かに一三〇〇年前とはいえ、被葬者の尊厳は守らねばならない。だが、多くの古墳が墳丘ごと消えている現状と、調査によって得られる美術史、古代史、考古学等、学問上の利益を考慮すれば、発見されれば発掘調査し、壁画を保存することを考えねばならないのは当然のことだろう。

すると、今後はまずキトラのような剥ぎ取り保存、次いで高松塚のような石室解体が選択されるはずだ。素早く措置すれば、カビや微生物被害を最小限にとどめ、その後の修理、管理も現地で管理するより容易にできる。

高松塚壁画の劣化で問題になったのは、国の情報公開の不十分さ、とりわけ一部の専門家しか危機的な状況を知らず、広く知恵を募ることをしなかったこと、そしてその原因でもある無責任な縦割り行政であって、困難に立ち向かう担当者の努力そのものが無意味だったわけではない。それは、キトラ壁画の剥ぎ取りが、高松塚の石室解体ほどマスコミや国民の批判にさらされなかったことでもわかるだろう。

高松塚壁画、キトラ壁画、いずれも現地保存の原則を曲げ、日本の保存科学や埋蔵文化財行政の問題点を鮮明にしたことに変わりはないが、同列に扱うことはできない。

こうした問題点をマスコミが提示しなければ、読者、すなわち国民は、知るべき情報を隠されるか、当事者からの一方的な情報に甘んじるしかない。そうした意味で、新聞報道は、文化財保存の重要性を国民が共有し、考える手がかりを提供することにつながり、今後もその役割を担っていくのだろう。ただ、それには情報の出し手、すなわち私たちが、情報の質や意味を十分理解し、正しく伝える努力を継続していく必要がある。

3　震災と文化財保存

阪神大震災の文化財調査

一九九五年一月一七日早朝、兵庫県芦屋市教育委員会の文化財係長だった森岡秀人氏は、市内の自宅マンションで就寝していた。大きな揺れとともに天井まで積み上げた分厚い発掘調査報告書が崩れて顔面を直撃。木製書棚が体に激突し、衝撃と痛みで目が覚めた。「部屋の両側にあった書棚が真ん中でぶつかって隙間ができた。片側しか書棚がなかったら下敷きになって死んでいたでしょうね」と振り返る。肋骨《ろっこつ》三本を折る重傷を負い、市内の病院へ。サイレンとヘリコプターの音が響き渡るなか、次々と運び込まれる患者で病院はごった返していた。

一般的に開発地域では、文化財保護法に基づく発掘調査が必要かどうか判断しなければならず、被災地が該当するか見極める材料として、現状を写した写真が必要になる。けがの治療もそこそこに、地震発生から一〇日ほどで現地に向かったのは、文化財行政担当者としての使命感だった。しかし、「市民の生命や財産の保護、生活の再建が最優先されるべきではないか」という疑問を払しょくすることはできなかった。

「撮影なんかしている場合なのだろうか」。倒壊した家屋を前にして、なかなかカメラを取り出すことができなかった。意気消沈したまま、痛めた体をかばいつつ被災地を一人、歩きまわった。

三月、森岡氏の前に大きな壁が立ちはだかった。芦屋市教育長が文化庁長官あてに要望書を提出したのだ。内容は、五年間、復旧・復興工事に伴う調査を不要とする特例措置を求めるものだった。森岡氏は遺跡を記録もせずに破壊することにつながる措置に対し、抵抗した。結局、文化庁は芦屋市の要望を受け入れなかったが、「復興が遅れるのではないか」という不満は、芦屋市役所の内部にくすぶり続けた。

「埋蔵文化財行政と考古学にとっての試練」は続いたが、チラシを配るなどして地元住民への説明を重ね、事前の発掘調査に対する理解を得ていった。

開催を控えていた現地説明会を一九九六年九月、二年ぶりに再開すると、避難先などから市民ら約一〇〇人が訪れた。「自分たちの街にこんな遺跡があったのか」と喜ぶ姿を目の当たりにした。

森岡氏らが携わった調査の結果、若宮遺跡が阪神間で初めて、海岸沿いの弥生集落跡だと確認され、白鳳寺院の芦屋廃寺の実態が判明した。

市教委が震災後の二〇年間で発行した調査報告書は七五冊。一九五九～九四年度に刊行した報告書が二七冊だったのに対し、約三倍になった。一九九五～九七年度にかけて調査件数が増大し、一九九六年度分の調査は平常時の一〇～一五倍に上る八〇件超となった。その間、全国から延べ約八〇人が応援に入った。芦屋市の文化財整理事務所にはコンテナに入った遺物が山積され、整理作業が続く。

森岡氏が苦闘しているのと同じころ、芦屋市立美術博物館では、学芸課長だった河崎晃一氏が、文化庁の文化財レスキュー第一号となる写真資料救出に取り組んでいた。日本の芸術写真を確立した写真家・中山岩太（一八九五〜一九四九年）のスタジオが被災し、ガラス乾板やフィルム、作品が失われる危機にさらされていた。

ガラス乾板約一〇〇〇枚、紙焼き作品約六〇枚などを芦屋市立美術博物館に運び込み、ボランティアの協力で、ネガをプリントし、作品を整理した。河崎氏は「日ごろから地域とのつながりがあったからこそ、周辺にある文化財の危機に気づき、救出活動ができた。活動を通して近現代の資料も歴史遺産だということが広く知られるようになった」と振り返る。

阪神大震災以降も東日本大震災や熊本地震、紀伊水害、西日本豪雨など震災や水害が各地で相次ぐ。その都度、地域や個人にとっての文化財の意味が問われてきた。森岡氏は「地域の歴史を知ることが住民の誇りになり、物心両面で復興への道筋につながる」と強調する。

熊本地震による装飾古墳の被害

古墳内部の石室や石棺を浮き彫りや彩色で飾った装飾古墳は、熊本県内に最多の一九五基が集まる。二〇一六年四月一四日と一六日に震度七の激しい揺れを二度観測した熊本地震では、国史跡を含む多くの装飾古墳が、墳丘の亀裂や石材の落下などの被害を受けた。文化庁や熊本県が被災の全容解明や復旧作業に取り組んでいるが、困難な状況が続いている。

熊本県嘉島町《かしままち》の国史跡・井寺《いてら》古墳は、石室内が赤、黒、緑色で描いた直弧文《ちょっこもん》と呼ばれる文様で飾られている。墳丘に幅三〇センチ、長さ一五メートルの亀裂が入り、雨水が浸透するのを防ぐため、震災直後にブルーシートで覆った。

嘉島町教育委員会の橋口剛士技師は、地震（前震）発生翌日の四月一五日、現場を訪れて墳丘の亀裂を見つけたが、石室内の被害状況を確認する前に翌一六日の本震が起きた。古墳に設けてあるステンレス製の扉が変形して中に入れなくなった。

図４　墳丘が崩れ、ブルーシートで覆われた井寺古墳
（2016年11月、熊本県嘉島町で）

六月二二日、小型カメラを挿入して内部を観察したところ、石材約二〇個が床に落ちていることなどが判明した。だが、その段階で詳細な被害はわからなかった。樋口技師は「どうすればよいのか手の打ちようがなかった」と語る。

二〇一九年二月、石室の扉を塞《ふさ》いでいた約五〇〇〇キロの石が除かれ、町教委の職員が内部に入ったが、石室壁面の石材が張り出して崩落する可能性もあり、床に落ちた石を除去できず、詳細な確認はまだできていない。

このほか、塚原古墳群（熊本市南区）の石之室古墳では家形石棺の蓋《ふた》が崩落。釜尾古墳（熊本市北区）でも墳丘が崩れ、永安寺東古墳（玉名市）では、装飾のある石材が落下した。袈裟尾高塚古墳《けさおたかつか》（菊池市）など被害が軽微に見えても実態が不明なものもあった。

熊本地震による装飾古墳の被害は、国史跡を含む古墳や横穴墓一七件。被害調査はほぼ終えたが、復旧はほとんど進んでいない。微細なひびや崩落も含めれば、被災状況は千差万別で、被災前の状態の記録がないものもあり、どこまで修理すればよいのかというコンセンサスを得るのは難しい。

文化庁は二〇一六年度、熊本県教育委員会と「大規模震災における古墳の石室及び横穴墓等の被災状況調査の方法に関する検討委員会」を設置、調査方法について協議した。さらに二〇一七年度には、「古墳壁画の保存活用に関する検討会」のなかに「装飾古墳ワーキンググループ」を設置し、検討を続けている。

熊本地震による文化財被害は、熊本城（熊本市中央区）が最も注目されてきた。被災状況が一目でわかる建造物に対し、石室など土中にある埋蔵文化財はわかりにくく、国や県などの文化財指定を受けていない古墳への対応も含めれば、課題はまだ山積している。

倉吉・白壁土蔵群の地震被害と保存修復

二〇一六年一〇月二一日、鳥取県中部を震源とする地震（以下、鳥取県中部地震）が発生し、鳥取県倉吉市《くらよし》、湯梨浜町《ゆりはま》、北栄町《ほくえい》で震度六弱を観測した。気象庁によると、震源の深さは一一キロ、地震の規模を示すマグニチュードは六・六と推測された。

この地震で、「倉吉市打吹《うつぶき》玉川伝統的建造物群保存地区」は大きな被害を受けた。地震後、被害について断片的に伝わるだけで、保存修復の進捗状況もほとんどわからない状況が続いた。このため、現地を取材し、二〇一七年二月二日の読売新聞夕刊文化面で、現状と課題を報じた。

倉吉市打吹玉川伝統的建造物群保存地区は、文化財保護法に基づく伝統的建造物群保存地区に一九九八年一〇月に選定された。二〇一〇年一二月に地域が拡定され、現在に至る。赤褐色の赤瓦（石州瓦）、格子、白を中心とした漆喰壁など往時の面影を残す「本町通り」と「玉川沿い」に立ち並んだ商家が保存区域になっており、九・二ヘクタール（東西六〇〇メートル、南北二〇〇メートル）の範囲に及ぶ。玉川沿いの白壁の土蔵群が中心地のため、「白壁土蔵群」の通称で知られている（以下、通称を使用）。

一九四五年以前の建物で、所有者が保存に同意している建物の「特定物件」は三四五棟。地区内には、国登録有形文化財四件、鳥取県保護文化財二件がある。

倉吉市教育委員会文化財課は二〇一六年一〇月二一日に発生した震度四の地震後、白壁土蔵群を見回り、被害がないことを確認。その後、震度六弱の本震が発生し、直後から職員が被害状況の調査を行った。

一〇月二六日に文化庁の調査が入り、一一月一〜二日、地区内の旅館で住民説明会と聞き取りを実施。一一月一二〜一三日と一九〜二〇日、県内外の建築士のボランティア「文化財ヘリテージ」六五

図５　鳥取県中部地震で被災した白壁土蔵群
（2017年１月、鳥取県倉吉市で）

人の支援による詳細調査を実施した。

その結果、特定物件三四五棟中、六〇％にあたる二〇七棟が壁の剥落や瓦の崩落、土台の石垣の膨らみなど何らかの被害を受けていることが確認された（二〇一六年一二月現在）。登録有形文化財四件と県指定二件も被害を受け、白壁土蔵群の象徴である桑田醤油《しょうゆ》の煙突も損壊した。積雪によって、雪とともに地震で浮いた瓦が落下するなど、被害は拡大している。

倉吉市教委文化財課によると、地震発生前から、台風や大風による被害が出ていたが、修理予算は十分ではなく、約五〇件が常時、修理待ちの状態だったため、被害拡大につながった可能性があるという。

倉吉市は二〇一六年度補正予算で修理に着手。白壁土蔵群二七棟について、修理をすることにした。だが、一般住宅の被害も多く、瓦葺き職人、左官、傾いた建物を起こす曳屋《ひきや》業者が不足し、さらに積雪もあって作業は大幅に遅れた。鳥取県瓦工事業組合によると、瓦葺《ぶ》き職人は鳥取県中部で五〇～六〇人いるとされており、県外からの職人も招いているが、十分ではなかったようだ。

また、玉川沿いの石垣で膨らんだりずれたりしたものは、上に立つ建物を撤去して修理する必要があるのかどうかを調べる必要があるが、詳細な検討はなかなか進まなかった。公的な補助金を受けず、個人で修理を進めた建物もあるとみられ、倉吉市教委文化財課は、地区全体の修理が終わる時期は未定とした。

これまでの調査では、今回の地震被害で、耐震対応をした建物の被害は軽微だったことが判明しており、修復時には、新工法やずれにくい形状の瓦の導入を薦めている。また新工法には、瓦工事業者以外でも扱える簡便なものもある。

壁に塗られた漆喰については、一九八五年の「わかとり国体」に合わせて急きょ修復した箇所の被害が大きかったという情報があるが、漆喰が地震によって被害を受けるのは不思議ではなく、市教委が確認するまでにはいたっていないという。

伝統的な街並みを維持し、耐震化を図るため、新しい工法や瓦を導入するのは、当然のことだ。だが、伝統を守り伝えるために、新しい工法や建材はどこまで許されるのか。すなわち、外観さえ保つことができれば、中身が変わってしまっても良いのかという問題だ。また、新工法・素材は一〇〇年、二〇〇年後まで耐え得るのか。現状では、その検証は十分なされていない。こうした点について専門家だけが了解するのではなく、国民的な合意を得るため、今後、十分な説明と議論が必要だと考える。

また、白壁土蔵群は単なる文化財ではなく、実際に住居として使用されている建物が多い点にも留意が必要だ。文化財を守り伝える担い手がいなければ、モノ（建物）だけを後世に伝えることは不可能だ。行政は、「担い手＝守り手」が十分に納得できる措置を講じる必要がある。

飛鳥時代、寺院建築として瓦が朝鮮半島から日本に伝わって以来、一三〇〇年以上が経った。瓦屋根が連なる「甍《いらか》の波」は日本の原風景となっている。だが、新築家屋に瓦屋根が少なくなったことなどから瓦生産は全国的に減少し、産業全体の衰退は否めない。「甍の波」は、まさに存亡の危機にあると言ってよい。

その意味で、伝統的な景観を今日まで維持してきた白壁土蔵群をはじめとする重要伝統的建造物群保存地区が果たしている役割は大きい。これを機会に、白壁土蔵群が、被災した文化財建造物の修理にとどまることなく、地区全体の再整備を図り、より魅力的な街並みとして復興することを願ってやまない。

未指定文化財と震災被害

国や地方自治体によって指定された文化財は、災害に遭っても所有者や所在地、元の状態などがわかる。だが、個人所有などの未指定の文化財はそうした情報がなく、被災しても何がどれぐらい損なわれたのかわからない場合が多い。

関東大震災（一九二三年）の直後に、未指定の美術工芸品の被害について、悉皆《しっかい》調査した記録がある。社団法人國華倶楽部《こっかくらぶ》編『罹災《りさい》美術品目録』（一九三三年、以下『目録』）と、内務省社会局編『大正震災志』（一九二六年、以下『震災志』）の二種類だ。國華倶楽部は東京美術学校（現・東京芸術大学）

の校長だった正木直彦（一八六二～一九四〇年）らが設けた美術団体。『目録』は島根県松江市出身の美術史家・相見香雨《あいみこうう》（一八七四～一九七〇年）が聞き取り調査によってまとめたもので、『震災志』も美術工芸品の所有者や品目に共通性があり、相見の手によるものか、相見の調査記録を利用したとみられる。

『目録』は、内田俊秀・京都美術工芸大名誉教授（保存科学）が着目。内容を分析した結果、二六九個人・団体が所有していた四八五三件の美術工芸品などが関東大震災で被災したと記録されている。複数ある掛け軸や屏風を一件として数えるなどしていることから、総数は数百万点に上ると推測した。

記録のうち美術工芸品と認定できた四八〇二件の内訳は日本絵画が最も多く全体の四九％を占め、書跡一一％、陶磁器九％、中国絵画六％、刀剣類五％と続く。

三五七六件について作者が明記され、円山応挙作が九五件、狩野探幽《たんゆう》八七件、酒井抱一《ほういつ》七三件、尾形光琳《こうりん》六一件、雪舟五〇件など。公爵・山形伊三郎（有朋の養子）所有の戦国大名・浅井長政の名刀「浅井一文字」、伯爵・井伊直忠が所有した鎌倉時代の歌人・藤原定家の色紙など国宝・重要文化財級も多い。

内田名誉教授は焼失した美術工芸品の価値の総額を数千億円以上と推計した。被害が大きかったのは、一八七一年の廃藩置県で各藩の藩主、家老らが家宝を携えて東京に移住したためとみられる。こうした内容を二〇一五年一月八日の読売新聞朝刊第三社会面で報じた。

現代でも難しいこうした調査が、一〇〇年前に行われていたことに驚かされる。悉皆調査を決めた正木や実施した相見の美術工芸品に対する造詣の深さ、記録保存にかける熱意が伝わってくる。

内田名誉教授は「守るべき文化遺産は、指定・未指定、有形・無形を問わない。大震災を乗り越え、かけがえのない地域の資産を後世に伝えることが、私たち一人一人の使命だ」と語る。

コラム①　モノクロの飛鳥美人

奈良県明日香村の高松塚古墳（八世紀初め）の極彩色壁画の西壁女子群像は、縦じまのスカートのような裳《も》を身に着け、まげを結った「飛鳥美人」として知られる。

鳥取市の青谷横木《あおやよこぎ》遺跡で、二例目の「飛鳥美人」が見つかったと二〇一六年一二月一六日の読売新聞朝刊が報じた。

二〇一五年九月に出土した大量の木製品のうち、板の破片五点を一年後に赤外線撮影した結果、飛鳥時代末（七世紀末〜八世紀初め）の女子群像を確認したというのだ。復元すると、長さ七〇・五センチ、幅一五・五センチ、厚さ〇・六センチとなる。女子（推定の高さ七・五〜一一センチ）は少なくとも六人描かれており、向かって右から左へ一列になって歩く姿を表していた。右端の女子は一回り小さく描かれているため侍女とみられ、法具の払子《ほっす》（蠅払《はえはらい》）とみられる、先端に房が付いた棒状のものを手にしていた。衣装や髪形、持ち物は高松塚古墳壁画と類似していたが、目や口など顔の表現は見えず、彩色もなく、モノクロだった。後に鼻の表現が確認され、顔が描かれていた可能性は高まったが、着色されていたのかは今のところ判断できない。

現場は古代の山陰道にあたり、板絵は道路わきの盛り土の中から見つかった。用途は不明だが、上部に穴が一か所あり、吊り下げて使ったと考えられる。元もとあった場所が不明なだけに、高松塚古墳壁画のように墓に納められていたものなのか、葬列で掲げたのか。それとも役所の壁に飾って都の最新モードを楽しんだのか……。想像が膨らむ。

鳥取県では、これまでにも古代の絵画が見つかっている。米子市の上淀《かみよど》廃寺（七世紀後半）で一九九一年、奈良県斑鳩町《いかるがちょう》の法隆寺金堂壁画に匹敵する国内最古級の仏教壁画が出土した。鳥取県に女子群像や仏教壁画が存在したことは、地理的な条件が背景にあった。

日本海側は天然の良港である潟湖《せきこ》が多く、青谷横木遺跡の近くにも港があったと推定できる。木下正史・東京学芸大学名誉教授（考古学）は「港から都へ向かう外国人使節を迎えた女官や役人の儀式を描写したのかもしれない」と推測する。

青谷横木遺跡の板絵の時期は、キトラ古墳壁画や高松塚古墳壁画と同じかそれをさかのぼる。国際的な外交儀礼や絵画文化が、都である飛鳥（奈良県明日香村）より先に日本海側に伝わっていた可能性すら出てきた。古代の日本海側は、大陸と海を介してつながり、先進文化をいち早く受け入れる玄関口だったと改めて強く感じた。

第二章

世界遺産と陵墓問題

八角形墳と判明した牽牛子塚古墳
（2010年、奈良県明日香村で）

図６　大山古墳で出土した円筒埴輪列や石敷き
（2018 年 11 月、大阪府堺市堺区で）

1　天皇陵古墳の限定公開

大山古墳の限定公開

落ち葉が積もった小径《こみち》は、ふかふかの歩き心地だった。見通しのよい木立のなかを歩いていると、ふと郊外の里山にいるような感覚を覚えた。

二〇一八年一一月二二日、大阪府堺市堺区の大山《だいせん》古墳（仁徳天皇陵）で、宮内庁と堺市が初めて共同で発掘調査した現場。墳丘を三重に囲む周濠《しゅうごう》のうち、もっとも内側の濠《ほり》に面した第一堤（幅二五〜三五メートル）の護岸整備に向けた基礎資料の収集が目的で、第一堤の三か所（各幅約二メートル、長さ約三〇メートル）を発掘した結果、円筒埴輪《はにわ》列の基底部や堤の上部に敷かれた石敷きなどが見つかった。その調査成果を報道陣と、宮内庁が陵墓・陵墓参考地に指定する古墳（いわゆる天皇陵古墳）の公開を求めてきた日本考古学協会など一六学会の研究者に公開したのだ。

学会に天皇陵古墳の調査現場が公開されるようになったのは、約四〇年前の一九七九年の白髪山《しらがやま》古墳（清寧《せいねい》天皇陵、大阪府羽曳野《はびきの》市）から。「限定公開」と呼ばれ、これまでに約四〇回行われてきた。私が限定公開を初めて取材したのは、一九九八年、奈良市にある安康《あんこう》天皇陵だった。畳一枚ほどの浅いトレンチ（試掘溝）がいくつか開けられていたが、遺構らしきものは見えなかった。現場では、研究者が宮内庁の調査担当者に「こんな小さなトレンチで何がわかるんだ！」「それでも考古学者か！」

と大声を出し、担当者も声を荒らげる異様な雰囲気だった。直後に開かれた研究者の検討会では、「古墳の痕跡はまったくなく、中世の豪族居館跡か自然の丘」と結論付けられた。

不勉強だった私にとって大きな衝撃だった。安康天皇と言えば、中国・南朝に遣使した「倭《わ》の五王」の一人とされる重要な天皇（大王）。国（宮内庁）が管理している墓が、被葬者を間違えているどころか、古墳ですらないとは……。

その後、限定公開の取材を重ねるにつれ、こうした事態が「意外」でも「驚き」でもないことが次第にわかってきた。幕末から明治時代にかけて、幕府や政府が当時最新の知識を根拠に、すべての天皇の御陵を決めた。その後、古墳研究が進み、被葬者の没年と陵墓に齟齬《そご》が出るようになったが、宮内庁は正誤の判断をせず、指定をそのままにしてきたからだ。無論、初代神武《じんむ》天皇や、二代綏靖《すいぜい》天皇から九代開化《かいか》天皇までの欠史八代の天皇ら、存在そのものが定かではない天皇の陵までも決めているのだから、宮内庁が正誤の判断を下せるはずもないのだが。

宮内庁は「仮に墓でなかったとしても、長年祭祀《さいし》を続け、御霊《みたま》が宿る聖域」と説明してきた。根拠としてはどうだろう。間違えた場所で祭祀を営まれて「御霊」が満足するのだろうか？　民主主義国家となった戦後、国によって陵墓への立ち入りが厳しく制限され、里道が墳丘を横切って通るなど、庶民が気軽に立ち入れた江戸時代以前より後退した状態が続いている。

だが、大山古墳の限定公開は、混乱もなく粛々と終わった。こうした変化は、回を重ねるうち、

「陵墓を全面発掘しろ」というような極端な意見の研究者が減り、研究者側と宮内庁側の相互理解が一定程度、進んだからだろう。百舌鳥《もず》・古市《ふるいち》古墳群の世界文化遺産登録の動きとも無縁ではないと考える。世界文化遺産登録は、保存は無論、「公開性」や「真実性」も求められるからだ。

百舌鳥・古市古墳群は二〇一九年七月、アゼルバイジャンの首都バクーで開かれた国連教育・科学・文化機関（ユネスコ）の世界遺産委員会で世界文化遺産に登録されることが決まった。

百舌鳥・古市古墳群では、一九五〇～七〇年代、高度成長期の市街化などで多数の古墳が破壊されてしまった。現存する古墳八九基のうち、構成資産は四世紀後半～五世紀後半の四九基だが、日本最大の古墳として知られる大山古墳をはじめ、二〇〇メートルを超える巨大古墳の価値は自明だ。宮内庁が指定する陵墓以外にも構成資産はあり、都市部に立地し、絶えず破壊の危険にさらされている歴史遺産を守り伝える意味で、世界遺産登録には大きな意味がある。

仁徳天皇陵に誰が眠るか

だが、問題が残る。世界遺産の構成資産としての大山古墳の名称は「仁徳天皇陵古墳」。この名の通り、仁徳天皇の墓なのか？　そもそも「仁徳天皇」とは奈良時代につけられた漢風諡号《かんふうしごう》であり、「天皇」という名称すら、現在のところ、飛鳥時代の七世紀後半までしか遡らない。『日本書紀』には、「仁徳」という名前にふさわしく、炊事の煙が立たないのを見て民の困窮を知り、税を免除したという聖帝としての逸話が載り、中国に遣使した倭の五王の一人とも目されているが、その実像は明らかではない。大山古墳を、「仁徳天皇」という固有の人物の墓とするには、学術的な根拠に乏しいのだ。被葬者が少なくとも倭の五王の一人ということは確実だろうが、固有名詞を挙げようとすると、たちまち難しくなる。

こうした被葬者の真実性を証明できないことについては、幸いにも世界遺産登録では問題視されなかったようだ。だが、登録後も名称問題について、研究者の間には、被葬者を確定できないのだから、「仁徳天皇陵」ではなく、他の古墳と同様、地名などを基にした「大山古墳」という名称にするか、少なくとも両論併記にすべきだという意見が根強い。「仁徳天皇陵古墳」というのは行政サイドの折衷案で、「仁徳天皇陵と呼ばれている古墳」という意味だそうだが、いかにも苦しい。

だが、そもそも宮内庁の名称は『延喜式』にある「百舌鳥耳原中陵《もずみみはらのなかのみささぎ》」であって、「仁徳天皇陵」ではない。研究者側の呼称も「大山古墳」で統一されているわけではなく、「大仙古墳」や「大仙陵古墳」などもあることも、問題を複雑にしている。

もっとも、考古学に関心の薄い多くの人は、「大山古墳」と言ってもなんのことかわからず、「仁徳天皇陵」と聞いて、初めて「日本最大の古墳」と思い浮かぶのではないか。私は「大山古墳（仁徳天皇陵）」という、学術名を先にした両論併記が望ましいと考えている。

もう一つ問題なのは、大きさをはじめとする天皇陵古墳のデータだ。宮内庁が二〇一八年三月に刊行した『書陵部紀要第六九号』によると、大山古墳の周濠の水中に隠れた部分も含め、墳丘全体を精密に測量した結果、従来、四八六メートルとしてきた全長が、少なくとも約四〇メートル大きい五二五メートルあることが判明した。

墳丘は斜面になっていて下になるほど裾《すそ》広がりに大きくなる。本来の墳丘裾は周濠内に延びている。裾そのものは周濠に堆積したヘドロの中に隠れていて確認できなかったため、五二五メートルより大きくなることは確実となった。

これまでの大きさは、周濠の水面上に現れた墳丘を測った結果であって、濠の水位が上下すれば大きさも変化する。そんな一定しない数字を本来の大きさとは言えない。宮内庁は今回、同時に水面上にある墳丘の大きさを計測したが、こちらは従来より五メートル小さい四八一メートルだった。周濠の水位が雨などで上昇したからだろう。古墳の真の大きさとは何なのかを如実に示している。いずれヘドロに隠れた墳丘裾が確認されれば、大きさが確定することになる。ここでは、五五〇メートル前後と予測しておきたい。

それなのに、世界遺産の構成資産として登録された際の大きさは四八六メートルのまま。最新のデータが反映されず、「五〇〇メートル超」という大山古墳の新たな価値を世界に知らしめることはできなかった。登録されたことのめでたさと名称問題だけが注目されたが、古墳の大きさという基礎的なデータがないがしろにされていることに驚きを禁じ得ない。

墳丘裾が周濠内に隠れている天皇陵古墳は、大山古墳だけではない。今後、そうした古墳の大きさを確定させていくことは、古墳研究を進展させるうえで、とても重要だ。

天皇陵古墳の今後

天皇陵古墳の限定公開は、宮内庁に内規があり、立ち入ることができるのは最下段の平らな面までと定められている。内規はあくなで内規であって、かつては墳丘に入ることもままならず、水を抜いた周濠内に仮設された通路を巡るしかなく、通路を踏み外して泥だらけになる新聞記者もいた。

だが、宮内庁が五十瓊敷入彦命《いにしきいりひこのみこと》の墓（宇度墓《うどのはか》）に指定している大阪府岬町の淡輪《たんのわ》ニサンザイ古墳（五世紀後半）が二〇一四年一一月に限定公開された際には、見学通路が墳丘の二段目を横切る形になっていた。宮内庁の担当者に「限定公開で最下段より上に立ち入るのは初めてのことではないか？内規を変えたのか？」と尋ねると、「確かに初めてだが、内規は変えていない。見学の安全性に配慮した結果だ」との説明だった。

また、陵墓公開の際、古墳の年代を訪ねると、宮内庁の担当者は決まって「専門家の先生に聞いてくれ」とそっけなかったが、近年の陵墓参考地の調査では「埴輪の年代から五世紀後半と推測できる」などと実年代を示すようになってきた。もっとも天皇陵に関しては「古墳の年代は天皇の没年に決まっているでしょう」とにべもないが。

それでも、私が限定公開を経験した約二〇年で、明らかに宮内庁の対応も柔軟になってきていると実感する。それが、世界遺産登録にもプラスに働いたのだと思う。

だが、限定公開は、あくまで研究者と報道陣に限ったもの。限定公開の開始から半世紀たち、ぜひ一般にも公開を広げてほしい。安全上の理由で多くの人が現地に入るのが困難なら、画像や遺物の公開であってもいいと考える。宮内庁は真摯《しんし》に検討してほしい。

さらに、天皇陵古墳は歴史・考古学研究のうえで重要なだけではなく、都市部に残された緑地として、動植物の調査・研究のうえでも貴重な場になり得る。今後、人文科学と自然科学の研究者らが協調し、多角的な調査が続けられれば、より多くの情報が得られるに違いない。

2　飛鳥の陵墓

斉明天皇陵の数は？

「ほかの被葬者名を聞いた？　これだけ研究者の意見が一致することないよ」。知人の考古学研究者が興奮気味にまくしたてた。牽牛子塚《けんごしづか》古墳（七世紀後半）が奈良県明日香村教育委員会の調査で斉明天皇（五九四〜六六一年）の陵と決定づけられた。二〇一〇年九月、明日香村教育委員会の調査で、七世紀代の天皇陵に特徴的な八角形墳とわかり、同年一二月には『日本書紀』の記述通り、孫の大田《おおたの》皇女《ひめみこ》（？〜六六七年）の墓とみられる越塚御門《こしつかごもん》古墳が隣接して発見されたからだ。被葬者を示す墓誌などの文字資料が見つからない日本の古墳で、状況証拠から被葬者を特定できるのはまれ。宮内庁の陵墓指定の是非も、改めて問われることになった。

　近くにある高松塚古墳やキトラ古墳、マルコ山古墳も、被葬者名を記した墓誌などは出土せず、『日本書紀』や『続日本紀』に記述がなく、被葬者名は皇族から渡来系氏族までさまざまで、研究者の見解は一致しない。だが、牽牛子塚古墳は取材を通して斉明天皇以外の被葬者名を聞くことはなかった。巨大な石材を丁寧に加工した石槨《せっかく》が印象的で、「土木工事好き」と『日本書紀』にわざわざ記された女帝の墓所にふさわしいと実感できた。また、石室は初めから二人を埋葬するように造られており、六六七年に愛娘の間人皇女《はしひとのひめみこ》（？〜六六五年）と合葬した〈天豊財重日足姫天皇《あめとよたからいかしひたらしひめのすめらみこと》と間人皇女とを小市岡上陵《おちのおかのうえのみささぎ》に合《あわ》せ葬《かく》せり〉という『日本書紀』記述にも合致する。

過去の調査で出土した遺物も、布を漆で固めた最高級の棺「夾紵棺《きょうちょかん》」の破片や七宝飾金具など、被葬者が最高位にある人物であることを示している。

ここまで証拠がそろっていながら奈良県高取町の車木《くるまぎ》ケンノウ古墳（越智崗上陵《おちのおかのうえのみささぎ》）を斉明天皇陵に指定している宮内庁は、指定見直しを否定している。宮内庁関係者は「牽牛子塚古墳が斉明天皇陵であるという文字資料でも出てくれば別だが」と言うが、そんな新資料が出てくる可能性はほとんどない。むしろ車木ケンノウ古墳が斉明天皇陵だという動かぬ証拠をこそ示してほしいものだ。

『続日本書紀』には、文武三年（六九九年）に斉明天皇陵が「修造」されたとの記述がある。これを改葬の記録とみて、白石太一郎・国立歴史民俗博物館名誉教授（考古学）や今尾文昭・関西大学非常勤講師（考古学）は、明日香村の岩屋山古墳を改葬前の斉明天皇陵と説く。

飛鳥時代に改葬された天皇は、第三一代用明天皇が磐余池上陵《いわれいけがみのみささぎ》（所在地不明、奈良県桜井市か）から大阪府太子町の春日向山《かすがむかいやま》古墳（用明天皇陵）、第三三代推古天皇が奈良県橿原市の植山古墳から大阪府太子町の山田高塚古墳（推古天皇陵）、斉明天皇の夫・第三四舒明天皇が滑間岡《なめはざまのおか》（明日香村の小山田《こやまだ》古墳か）から桜井市の段ノ塚《だんのづか》古墳（舒明天皇陵）と続き、十分考えられることだ。斉明天皇陵は、改葬前と改葬後、そして宮内庁の指定するものと三つあることになる。

最後の指定修正――天武・持統天皇陵

宮内庁が陵墓に指定している古墳は基本的に、正史である『日本書紀』や『続日本紀』、平安時代中期の法令集『延喜式』などの文献を基に、幕末から明治時代に当時最新の学術的な知見を基にしている。誤りだとされれば、指定替えがある。最後に行われたのが明日香村の天武・持統天皇陵（野口王墓古墳）だ。

明治一三年（一八八〇年）、京都市右京区の高山寺で、『阿不幾乃山陵記《あおきのさんりょうき》』が発見された。野口王墓古墳が、鎌倉時代の一二三五年、盗掘を受けた際の記録だ。陵の所在地、墳形と規模、埋葬施設の状態、副葬品の内容などが記されていた。石室内には、漆塗りの木棺と銀製の骨蔵器（骨壺）が納められていた。持統天皇は火葬されたと記されており、『続日本紀』には、大宝三年（七〇三年）、天武天皇陵に持統天皇の遺骨を合葬したとする。こうした記述と合致する。宮内省が検証した結果、翌年に野口王墓古墳が天武・持統合葬陵となった。

それまで野口王墓古墳は文武天皇陵とされ、橿原市の五条野丸山古墳が天武・持統合葬陵とされてきた。誤りがすぐさま正されたのだった。

二〇一四年二月二一日、野口王墓古墳で日本考古学協会など一五学会による立ち入り調査があり、墳丘の形状や地表を観察し、凝灰岩の露出を確認した。宮内庁の過去の調査で一辺約一六メートルの八角形、高さ七・七メートルの五段築成とわかり、仏塔のような形に復元できるとしている。立ち入り調査で宮内庁は八角形の角となる石材を確認しており、その位置は土に覆われて見えなかったが、目印の杭を設けていたという。

天皇陵の証し、八角形墳

牽牛子塚古墳、野口王墓古墳以外にも八角形墳がある。奈良県立橿原考古学研究所が一九七四年に発掘した明日香村の中尾山《なかおやま》古墳と、一九八四～八五年に発掘した高取町の束明神《つかみょうじん》古墳だ。

中尾山古墳は直径約三〇メートル、高さ約四メートルで、八角形の石敷きが二重に巡らされていた。火葬骨を納めた骨臓器が入っていたとみられる幅、奥行き、高さとも〇・九メートルの小さな石槨があった。時期や立地、八角形という墳形から、『続日本紀』に火葬されたと記される文武天皇の陵とみられる。

束明神古墳は、凝灰岩の切石約四五〇個をブロックのように積んだ横口式石槨があり、墳丘は大きく崩れていたが、対辺三六メートルの八角形に復元できるという。天武天皇の皇子で早世した草壁《くさかべ》皇子《のみこ》の墓とされる。皇太子として天皇に準じた扱いを受け、八角形墳に葬られたらしい。

橿原市の古宮遺跡から出土したと伝わる金銅製四環壺（最大径四二・四センチ、宮内庁所蔵）は鳳凰などが毛彫りされ、金メッキが施された豪華なもので、本来、中尾山古墳に納められていた蔵骨器ではないかという説がある。だが、二〇二〇年一一月の中尾山古墳の調査で、盗掘で開いた部分からは取り出せないことが判明した。

飛鳥の謎の石造物として知られる鬼の俎《まないた》、鬼の雪隠《せっちん》は、捕らえた旅人を食べる鬼が使ったまな板と用をたしたトイレとされているが、実際には鬼の俎が横口式石槨の底石、鬼の雪隠が上にかぶさる部分として、鬼の俎・雪隠古墳と呼ばれている。本来、二基の横口式石槨を東西に並べた双室墳の可能性が指摘されており、その場合、東西約三五メートルの長方形墳になるという。出土遺物は知られておらず、八角形墳ではないが、皇族級の古墳だったとみられる。

最初の八角形墳とされるのが、段ノ塚《だんのづか》古墳（舒明天皇陵）だ。八角形は古代の中国思想が背景にあると考えられ、天皇陵は、前方後円墳から、大型の長方形墳ないし円墳、そして八角形墳に変遷していったとみられる。

ちなみに地方にも八角形墳がみられるが、立地や規模、副葬品などから天皇陵とは関係がなく、地形に制約された多角形墳と考えられる。

壁画がなかったマルコ山古墳

高松塚古墳の壁画発見の興奮が冷めやらぬ一九七七〜七八年、明日香村の真弓丘陵にある終末期古墳、マルコ山古墳（七世紀後半）が村教育委員会によって発掘調査された。事実上、高松塚古墳壁画の二匹目のドジョウを狙ったのだった。

結果は意外なものだった。真っ白い漆喰《しっくい》のキャンバスはあったが、壁画は描かれていなかったのだ。漆塗り木棺の破片や金銅製飾り金具、三〇歳代の男性とみられる人骨などが出土したが、被葬者名を表すものはなかった。その後の調査で、対角長約二四メートル、高さ約五・三メートルの六角形墳とみられる。古墳の規模や形状、副葬品などから、天皇に次ぐ皇族級の墓とみられた。おそらく被葬者は、『日本書紀』に名前が書かれているような人物だろう。

マルコ山古墳には本当に壁画がなかったのだろうか？　鉱物を原料とする料や墨で描かれていたなら必ず痕跡が残るはず。だが、植物質の染料なら、どれぐらい残るのだろうか。さらに紙や布に描かれて壁に貼ったり吊るされていたりしたなら？　調査時の科学分析ではわからなかったことも半世紀近くたった現代ならわかるかもしれない。

また束明神古墳も壁画はなかったが、石室内の上部に金具が取り付けてあった。これも今では確認しようがないが、タペストリーのようなものが飾られていたのかもしれない。

今後、終末期古墳を調査する際には、こうした視点も必要になるだろう、

3　陵墓の保存活用

古墳をかすめる道路

奈良県橿原市の南部を通る国道一六九号を車が行き交う。「東側に斜面があるな」と思う間もなく通り過ぎてしまうだろう。それが、全長三一八メートル、前方後円墳発祥の地・奈良県最大で、全国六位の大きさを誇る五条野丸山古墳の前方部だとは知らずに。

地図や航空写真を見ると、道路で前方部西側の先端が削られているのがわかる。最大幅六五メートルの盾形周濠の痕跡もあるが、これもまた西側が失われている。国道一六九号は古代の幹線道路、下ツ道とほぼ重なるとされているが、現代の国道工事に伴うものだろう。奈良県関係者に聞き取りをしたが、詳しい事情はわからなかった。

明治時代まで天武・持統天皇の合葬陵とされていたため、後円部頂上と埋葬施設の入り口部分のみを宮内庁が陵墓参考地にしていて、全体は国史跡になっている。

五条野丸山古墳は一九九一年、墳丘の一部が崩れて石室の入り口が開口し、内部の写真が撮影されたことで知られるようになったが、陵墓参考地のありようが一般の話題になることはあまりないようだ。

こうした前方後円墳の一部のみが陵墓参考地に指定されている例は、大阪府藤井寺市の津堂城山古墳がある。一九一二年に巨大な長持型石棺が出土したため、後円部の墳頂部分のみが指定されており、全体が国史跡になっている。こちらは大和（現・奈良県）から河内（大阪府東部）に大王墓（天皇陵）が移った際の最初の大王墓ではないかという指摘がある。

必ずしも宮内庁の陵墓指定を悪いと断じているわけではないが、古代史上、重要な古墳二基の一部だけが、「陵墓参考地」という中途半端な位置付けのまま、立ち入りすらできない状態になっているのは、どう考えてもおかしい。百歩譲って全体が陵墓参考地なら、まだわかる。でも後円部の墳頂部だけだなんて……。宮内庁はそれで何が守れると考えているのだろうか。もっとも、墳丘を壊してしまう道路行政の方が大問題なのだが。

図７　前方部が道路で削られている
五条野丸山古墳（奈良県橿原市で）

奈良県天理市の大和《おおやまと》古墳群にある古墳時代前期の大和天神山《てんじんやま》古墳は全長一〇三メートルの前方後円墳で、一九六〇年の県道拡張工事に伴う発掘調査で中国鏡二三面、水銀朱四一キロが出土した。出土遺物が重要文化財に指定されている貴重な古墳だが、道路によって半分が消滅している。文化財の保存はかくも難しい。

陵墓の活用

結論から言えば、陵墓の活用は、現状では不可能だ。「皇族の祖先の墓として静謐《せいひつ》を守る」というのが宮内庁の基本姿勢で、原則立ち入りもできないからだ。

二〇一九年、世界文化遺産への登録が決まった百舌鳥・古市古墳群は、構成資産の古墳四九基のうち、大山古墳（仁徳天皇陵）や誉田御廟山古墳（応神天皇陵）をはじめ二九基が陵墓。これをどう活用し、国内外の人々に親しまれるようにしていくのか。

大阪府堺市などの行政サイドも、陵墓そのものの活用にはおよび腰だ。巨大すぎて全体を見ることも難しく、外から見るだけでは、鎮守の森と変わらない。堺市博物館では、三次元画像のバーチャルリアリティーで大山古墳の大きさ体感でき、気球で空から見学することも計画しているが、それで身近に感じることができるのだろうか。

そこで私から一つ、提案がある。大山古墳ならば、せめて第一堤（外堤）の上を巡るぐらいは許されてよいのではないか。そうすれば、古墳の大きさを実感できつつ、陵墓の「静謐」も守られると思う。陵墓もまた国民共有の文化遺産なのだ。大事な守るべきものであること後世に伝えるには、「立ち入り禁止」の立て札だけでは心もとない。国民一人ひとりが大事なものであることを実感し、理解することが必要だ。

今城塚古墳の「はにコット」

第二六代継体《けいたい》天皇は、六世紀前半の在位とされ、『古事記』や『日本書紀』は「応神《おうじん》天皇の五世孫」という。近江国高嶋郡（現・滋賀県高島市）で生まれ、越前国高向（福井県坂井市）で育った。悪逆非道な振る舞いをした武烈《ぶれつ》天皇の没後、後継者として即位したと伝わる。それまでの大和・河内勢力に推戴された王朝から、近江・北陸の勢力を背景にした勢力に王朝が交代したと説かれる。「五世孫」と言えば、ほぼ他人だ。だが、続く安閑《あんかん》天皇、宣化《せんか》天皇の時代に若干の混乱はあるが、次の欽明《きんめい》天皇から皇統譜に疑問の余地はない。そうなると、継体天皇こそ、現代の皇室に直接つながる〝始祖〟ということになる。

現在、宮内庁が継体天皇陵に指定しているのは、大阪府茨木市の太田茶臼山古墳（五世紀中ごろ）。築造年代が合わない。真の継体天皇陵と呼ばれている古墳がある。それが、大阪府高槻市の国史跡・今城塚《いましろづか》古墳（六世紀前半）だ。

高槻市教育委員会が一九九七〜二〇〇六年度に発掘調査を実施。主体部こそ失われていたが、さまざまな形象埴輪《はにわ》を立てた「埴輪祭祀《さいし》場」や、石室を設けるため石敷きの大規模な基盤工事をしていたことなどが明らかになった。

二〇一一年度に復元整備が完了し、古墳公園として市民らの憩いの場になった。二〇一二年から毎年秋、公園を会場に、地元の主婦らが実行委員会を設け、古墳や埴輪にちなんだグッズやアート、食べ物を展示即売し、音楽なども楽しめるイベント「はにコット」を開いている。初回の来場者は約三〇〇〇人だったが、今では一〇倍以上が訪れる大イベントに成長。全国的な古墳ブームの中心地の一つとなっている。

こうした活用は、陵墓だったらできなかったことだ。陵墓指定しても年月がたつにつれ、崩壊が進むのは自明だ。大山古墳（仁徳天皇陵）をはじめ周濠に水がたまっている陵墓はどれも、波立った濠《ほり》の水によってえぐられ、墳丘は少しずつ崩れつつある。宮内庁は順番に修復工事を続けているが、予算などの都合で一度に終わらせることができず、傷みの進行になかなか追いつかないようだ。

こうした陵墓の現状と、今城塚古墳を比べてみれば、どちらが保存・活用の方法として優れているか、答えは出ているように思える。とはいえ、史跡なら予算が十分確保できるかというと、そう簡単にはいかないところが文化財保存の難しいところだ。陵墓を保存、活用するには宮内庁や所在地の自治体だけではなく、地域住民の理解を得つつ、幅広い議論が必要だ。

コラム② 朝鮮王陵と百舌鳥・古市古墳群

百舌鳥・古市古墳群（大阪府）の世界文化遺産登録を受けて、周辺整備や活用の検討が始まった。二〇〇九年に世界遺産に登録された韓国・ソウルなどの朝鮮王陵は、百舌鳥・古市古墳群と同様に、市街地を含む広範囲に構成資産が点在している。その一つ、ソウル市街にある三陵公園を訪ねた。ソウル有数のビジネス街・テヘラン路に近く、陵墓のすぐ向こうに高僧ビルが林立する。

世界遺産になっている朝鮮王朝（李氏朝鮮）の王陵は四〇か所に及ぶ。そのうち、第九代成宗を埋葬した宣陵（一四九五年）と第一一代中宗を葬った靖陵（一五六二年）などがあるのが三陵公園だ。中宗は人気韓流ドラマ「宮廷女官チャングムの誓い」に登場したことで知られる。

かつては周辺の小学生らの遠足の定番だったというが、世界遺産になって弁当を広げることができなくなったという。近所の人が園内を散策したり、ベンチで憩ったりし、親しまれてはいるが、世界遺産としてどのように活用されているかは見えてこない。

韓国文化財庁の推計によると、朝鮮王陵を訪れる観光客数は約二〇〇万人。外国人観光客の入込数のデータはないようだが、ほとんどいないようだ。三陵公園では、外国人観光客の姿を見かけなかった。二〇一九年、文化財庁は宮陵遺跡本部を設け、整備とＰＲに乗り出した。指定から一〇年が過ぎていた。

宮陵遺跡本部は「文化財の保存と活用を両立させたい。文化財を後世に伝えることも大切だが、地域の活性化に役立てることも必要だ」と強調する。近くの飲食店は、世界遺産指定後、三割は客が増えたというが、さらに増えることを期待している。

朝鮮王陵には、もう一つ課題もある。朝鮮王陵は実は四二基あるが、北朝鮮にある二基は、世界遺産には含まれていない。宮陵遺跡本部も「今後、追加指定に向けて検討したい」とする。百舌鳥・古市古墳群でも、二つの古墳群のどちらにも属していないとされたためか、大阪府羽曳野・松原両市にまたがる全長三三五メートルで全国五位の規模の前方後円墳、河内大塚山古墳（六世紀後半）が、構成資産に含まれなかった。構成資産に大事な漏れがあるところも朝鮮王陵と少し似ている。

朝鮮王陵は世界遺産登録から一〇年間で、観光客の大幅増や周囲の観光開発など大きな変化があったわけではない。だが、少しずつ周辺整備は進んでいるようだ。登録後、観光客が急増した後、激減した例もある日本の世界遺産と比べて対照的だと感じた。

百舌鳥・古市古墳群の場合、大山古墳（仁徳天皇陵）をはじめ、宮内庁が陵墓として管理し、原則立ち入りもできない「天皇陵古墳」を含むため、その活用は難しいが、都市部の緑地として周辺住民に親しまれている三陵公園の在り方は参考になるだろう。

百舌鳥・古市古墳群には、学術的な調査・研究や周辺のソフト・ハード両面の整備など、焦らず着実に歩みを進めることを期待したい。

第三章　国際社会のなかの古代日本

アフラシアブで出土した壁画
(ウズベキスタン・サマルカンドで)

図８　イランで出土した「白瑠璃碗」に似たガラス器

1　正倉院宝物の源流

ガラス器の輝き

「奈良はシルクロードの終着駅」と呼ばれる。「いや違う。終着駅は唐の都・長安で、奈良はローカル線の終着駅から、さらに路線バスを乗り継いだ先にある終点だ」という向きもあろう。だが、正倉院宝物のガラス器の輝きを見れば、シルクロードの終着駅にふさわしい文物が日本、そして奈良の地に到達していることを実感できる。

正倉院には六件のガラス器が納められている。「白瑠璃碗《はくるりのわん》」「白瑠璃瓶《はくるりのへい》」「白瑠璃高坏《はくるりのたかつき》」「瑠璃坏」「瑠璃壺《るりのつぼ》」「緑瑠璃《みどりる》《り》十二曲長坏《じゅうにきょくちょうはい》」だ。このうち「白瑠璃碗」など五件がアルカリ石灰ガラスで、宙吹き技法によってササン朝ペルシャ（二二六～六五一年）など西アジアで作られたとみられるのに対し、「緑瑠璃十二曲長坏」のみが鉛を成分とした鉛ガラスで、鋳型を使った唐製と考えられている。だが、長く波打った形状はササン朝ペルシャで流行したものだ。

白瑠璃碗は、白といいつつも淡い飴色で、切子《きりこ》細工によって亀甲文を表す。切子は六段に重なっていて、上から四段が一八個、五段目が七個、底に一個の計八〇個ある。東京国立博物館所蔵の伝安閑《あんかん》天皇陵出土の切子碗と大きさや切子の数は同じで、「双子」という指摘もある。作家井上靖は二つの切子碗について、短編『玉碗記《ぎょくわんき》』を書いた。実は、岡山市立オリエント美術館所蔵の切子碗も似ていて、「三つ子」の可能性がある。ササン朝ペルシャの重要な交易品として、首都クテシフォン（現在のイラクの首都バグダッド周辺）にあった同じ官営工房で量産されていたのだろう。

こうした切子碗は世界中で約三〇〇〇点あるとされるが、すべて盗掘による出土品であって、地中に埋もれず代々伝わってきた伝世品は、「白瑠璃碗」だけだ。出土品は風化していて石のようになっているものが多く、一見するとガラス器かどうかわからない。伝安閑陵出土品も割れてはいるものの状態はよいが、「白瑠璃碗」の輝きには及ばない。

「白瑠璃瓶」と「白瑠璃高坏」も透明だが、切子の輝きはなく、「瑠璃坏」と「瑠璃壺」は紺色、「緑瑠璃十二曲長坏」は緑色に着色されている。実は、透明なガラスは古代日本では作れなかった。

明日香村の飛鳥池工房（七世紀後半〜八世紀初め）では、青、黄色、緑などさまざまな色のガラス玉を百万個単位で作っていた。ガラスの材料となる石英、長石、方鉛鉱が出土しているので、ガラスそのものを作っていたことがわかっている。だが、作れない色が少なくとも三種類あった。黒と赤、そして透明だ。黒は深い青や緑で代用し、赤は瑪瑙、そして透明なものは水晶で代用していた。透明なガラスが日本で作れるようになるのは、近世になってヨーロッパの技術が伝わってからだ。

それだけ「白瑠璃碗」は貴重だったことになる。「白瑠璃碗」の由緒は明らかではないが、おそらく唐か新羅から入手した豪族が代々、家宝として伝えていたものを、奈良・東大寺の大仏開眼会《かいげんえ》（七五二年）で奉納したものだろう。奈良時代（八世紀）のものが中心の正倉院宝物にあって、ササン朝ペルシャにさかのぼる「白瑠璃碗」は、最古の品でもあるのだ。

「白瑠璃碗」のルーツ

かつてササン朝ペルシャのガラス器は、イラン北部にある五〇〇〇メートル級の山々が連なるアルボルズ山脈と、その北に広がるカスピ海に挟まれたギラン州で作られたと考えられていた。ギラン州は砂漠や険しい山脈が広がる厳しい環境のイラン国内では、湿潤で棚田が作られる穏やかな気候の地域だ。

図９ ギラン州の棚田。日本に似た風景が広がる

一九五九年、東京大学のイラク・イラン遺跡調査団のメンバーが、テヘランの骨董屋で「白瑠璃碗」と似たガラス器を見つけた。調査団はギラン州のササン朝時代の古墓から出土したことを突き止め、一九六四年にギラン州にあるデイラマーンの古墓を発掘調査、ガラス器を発見したのだった。とげのような突起がある器形で、「白瑠璃碗」とは違ったが、イラン国内で学術的な発掘調査で完全な形のガラス器が見つかったのは、これが最初にして、今のところ最後。「白瑠璃碗」のようなガラス器が、確かに西アジアからもたらされたのだった。かつてテヘランのイラン国立考古博物館とガラス・陶磁器博物館で、現在、

東大隊の調査したガラス器がどこにあるのか調べてもらったが、「わからない」という回答だった。本当なら残念なことだ。

デイラマーン付近では、一〇〇基単位の群集墓のすべてにガラス器が副葬されていたという話も現地で聞いた。それだけ好まれていたとも、一般的なものだったとも言える。デイラマーンの調査例から当初、ガラス器がギラン州で作られていたという説もあったが、工房跡は見つかっておらず、デイラマーンの人々がほかの場所で制作されたものを入手し、墓に納めたとみられる。

現在では過去の調査で大量のガラス器が出土したキシュやクテシフォンなどイラク国内のササン朝ペルシャの中心地の官営工房で作られたとみられている。ただし、工房跡はまだ見つかっていないようだ。

サマルカンドの羊

ウズベキスタン・サマルカンドの北部にある都市遺跡、アフラシアブの展示施設。どこに「あれ」がいるのか探したが、すぐには見つからなかった。それも仕方がない。「あれ」は剥落しかけた衣服や馬の鞍《くら》を覆う布の文様としてさりげなく描かれていたのだから。

「あれ」とは、体に三角の文様がある巻角の牡羊。正倉院宝物の「羊木臈纈屏風《ひつじきろうけちのびょうぶ》」に描かれた羊とそっくりの意匠だった。同じような原図があったとみて間違いない。羊の角は立派で、中央アジアや中東にすむ羊の原種・ムフロンを表しているとみられる。

「羊木臈纈屏風は」は、樹下に象を描いた「象木臈纈屏風」などとともに聖武天皇の遺愛品を納めた正倉院の北倉にあった。古代日本にいない動物をあしらったエキゾチックな図柄だが、「羊木臈纈屏風」の下部に「天平勝宝三年（七五一年）」という調（税）の銘文とみられる墨書があることから、国産と考えられている。

ササン朝ペルシャの銀皿や水瓶にも似た羊の文様がみられ、ササン朝で国教とされたゾロアスター

図10　壁画が出土したサマルカンドのアフラシアブ遺跡

教の神の化身を表したらしい。

アフラシアブ遺跡の羊は、一九六五年からの調査で発見された。七世紀のソグド人のサマルカンド王が、朝鮮や突厥などの使節を歓迎する会が主題で、四周の壁を埋め尽くした壁画の一部。中央アジアの国際性や豊かな文化を伝えている。

奈良とサマルカンドの間の距離は約六〇〇〇キロある。遥か離れた場所で、ほぼ同じ時期の羊の文様が存在する奇跡。それが、正倉院宝物なのだ。

シルクロードから来た伎楽

伎楽《ぎがく》とは、『日本書紀』によると、飛鳥時代の六一二年に百済人の味摩之《みまし》が伝えたとされる仮面舞踊劇だ。滑稽なしぐさの

ある無言劇だったらしい。仮面は一セット一四種類二三面で、酔ったソグド人かペルシャ人の王を表す「酔胡王《すいこおう》」やその従者の「酔胡従《すいこじゅう》」、中国・呉国の女性「呉女《ごじょ》」などシルクロードから中国南部の要素が入っている。中央アジアで生まれ、シルクロードを通って中国・南朝から百済に伝わったとみられる。

正倉院に伝わる伎楽面は一七一面で、うち漆で布を固めた乾漆《かんしつ》が三六面、木彫が一三五面ある。一部に「将李魚成」や「基永師」などの作者名や、「常陸」や「讃岐」など地方名（国名）が記されており、地方で作られたものが献上された可能性もある。

伎楽面は中国や朝鮮半島には現存せず、日本では正倉院以外に東大寺と法隆寺（東京国立博物館の法隆寺献納宝物）にある。だが、残念なことに日本でも大仏開眼会や寺院の法要で演じられたが、早くに廃れてしまった。

一九八〇年、東大寺大仏殿の昭和大修理落慶法要を飾るプロジェクトとして伎楽の一部が復元され、天理大学雅楽部が演じた。その後、同雅楽部が復元、上演に取り組んでいる。また、狂言師の五世野村万之丞氏（一九五九～二〇〇四年）がアジア各国のダンサーや音楽家を集め、二〇〇一年に「真伎楽《しんぎがく》」として再生。日本の伎楽発祥の地である明日香村で公演したのを見たが、当時の雰囲気が伝わってくる、趣ある舞台だった。野村氏が亡くなり、没後の二〇〇七年に中国公演をしたものの、明日香村では演じられていない。いつか再演してもらいたいものだ。

新羅との交易

正倉院を代表する宝物の一つ、「鳥毛立女屏風《とりげりつじょのびょうぶ》」六扇は、光明皇后が天平勝宝八歳（七五六年）、東大寺・大仏に献納した宝物リスト「国家珍宝帳《こっかちんぽうちょう》」にも「鳥毛立女屏風六」と記されている由緒正しき品。傷みを補修しているとは言え、六扇すべて伝わっていることにも大きな意義がある。描かれた女性は、ふっくらとした顔に当時流行の化粧を施し、唐代の美女をほうふつさせる。

一九八五年から三年かけて実施された修理で、第五扇の裏面に補強のため貼られた反故紙が発見された。天平勝宝四年（七五二年）の「買新羅物解《ばいしらぎぶつのげ》」という文書だ。「鳥毛立女屏風」の作成時期が、七五二年から七五六年の間に特定できる史料となった。それだけではない。天平勝宝四年（七五二年）に来日した新羅の使節がもたらしたさまざまな物品と価格について、貴族らがその購入希望を朝廷に申請した内容なのだ。

購入希望リストには、人参《にんじん》（朝鮮人参）、甘草《かんぞう》、桂心（桂皮、シナモンの皮）などの薬物、蘇芳《すおう》（赤の染料）や胡粉《ごふん》（白の顔料）などの染料や顔料、沈香《じんこう》などの香料、鏡、鉢、鋺《わん》、牙笏《げしゃく》（象牙製の細長い板。役人が威儀をただすのに用いた）、花氈《かせん》（フェルトの絨毯《じゅうたん》）などの工芸品で、正倉院宝物と共通するものもある。対価として綿、絹、糸布があてられていた。

佐波理（銅と錫、鉛の合金）の食器のように、現代の韓国に通じるような新羅の特産品もあったが、花氈や香料など中央アジアや中国、東南アジア、インドからもたらされたとみられるものもあり、新羅が中継貿易を担っていたことがわかる。さらには、正式な新羅使が商人を伴っていたことになる。日本と新羅の交流・交易を考えるのに、非常に重要な文書だと言える。

古代日本の国際化

正倉院宝物は奈良時代の国際性を象徴するとされているが、宮内庁正倉院事務所によると、正倉院宝物約九〇〇〇件のうち、海外からもたらされたものは、「白瑠璃碗」をはじめ約四〇〇件という。五％にすぎない。これを少ないとみるか。

四弦の琵琶のルーツが古代ペルシャなのに対し、五弦の琵琶のルーツはインド。世界的には四弦琵琶が主流で、古代の五弦琵琶は、世界に一つだけ、正倉院宝物の「螺鈿紫檀五絃琵琶」しか残っていない。「漆槽箜篌《うるしそうのくご》」や「螺鈿槽箜篌《らでんそうのくご》」の箜篌とは、古代アッシリアに起源をもつ竪琴（ハープ）。残欠（破片）しか残っていなかったが、これも正倉院宝物にしかない。

また、西アジアのガラス器や、中国の螺鈿で飾られた鏡、中央アジアの花氈にしても、正倉院宝物ほど状態のよいものは、ほかにほとんどない。

さらに国産品であっても、材料は世界中から集まっている。動物質では、東南アジアや南アジアの象牙、サイの角、真珠、玳瑁《たいまい》（ウミガメの甲羅）など、植物質では紫檀《したん》、黒檀《こくたん》、白檀《びゃくだん》など、鉱物質では、東南アジアの琥珀《こはく》、西アジアのラピスラズリ、トルコ石などだ。最近の研究で、地中海産の珊瑚で作った玉も確認されている。工芸品の意匠についても「羊木臈纈屏風」などにみられる通りだ。

また、「金銅八曲長坏《こんどうはっきょくちょうはい》」は、ササン朝ペルシャに起源があり、同じような器が中国製にもあるものの、国産とされる。こうした宝物は、海外の文化を日本なりに受け入れた表れと考えられ、日本の国際性、国際化を示している。

聖武天皇や光明皇后らの生活空間についても、私たちが抱いている奈良時代のイメージとは少し違うようだ。正倉院には、花氈などの絨毯のほかにベッドの「御床《ごしょう》」や椅子の「赤漆欟木胡床《せきしつかんぼくのこしょう》」などの調度品、女性用の室内履き「繡線鞋《ぬいのせんがい》」などの生活用品があった。スリッパを履き、絨毯の上でくつろぎ、ベッドで寝る。西洋風のイメージだ。もっとも庶民とは、およそかけ離れた暮らしだったろうが。

小さな島国であっても周囲を海に開かれ、大陸からの最先端の文物をそのまま受け入れるのではなく、取捨選択した後、自分のものにした。そこには、現代に通じる日本文化の源流がある。

2　古代のペルシャと日本――ゾロアスター教をめぐって

イランのゾロアスター教

世界最古の一神教とされるゾロアスター教が発祥した場所や時期はよくわからない。だが、教祖のゾロアスター（英語発音。古代イラン語発音でザラスシュトラ、ドイツ語発音でツァラトゥストラ）は紀元前一七～前一〇世紀ごろ、パミール高原に生まれたとされる。その後、教えは中央アジアからイランに広まり、紀元前六世紀に成立したアケメネス朝ペルシャで、すでに広く信仰されていた。

ササン朝ペルシャ（二二七～六五一年）で国教となったが、七世紀以降、イスラム勢力の台頭で衰退し、現在では、イランのテヘランとヤズド、インドのムンバイを中心に十数万人の信者がいると推定されている。イランではイスラム教への改宗が進み、海外も含めて正確な信者数はわからない。現代では両親ないし、父親がゾロアスター教徒でないと、ゾロアスター教徒になれないとされ、今後減ることはあっても増えることはなさそうだ。

ヤズドに残っている遺体を鳥葬にする「沈黙の塔」を取材で訪れた。イランでは一九五〇年代に衛生上の理由などで鳥葬が禁止され、土葬も教義で不可能なため、遺体が土に触れないよう棺をコンクリートで厚く固めて埋葬していると聞いた。ちなみに「沈黙の塔」という詩的な名称は外国人がつけたといい、地元では「ゾロアスター教徒の墓場」とそっけなく呼ばれていた。

図11　イラン・ヤズドのゾロアスター教神殿。
インドのゾロアスター教徒が建てた

図12　ヤズドの沈黙の塔

近くのゾロアスター教徒の集会所で法要が営まれていた。集った若者は屈託がない様子で、「将来は日本に留学してコンピューター工学を勉強したいね」と明るかったが、高齢者は外国人の異教徒を警戒してか、会話を交わすことはなかった。

一方、ムンバイでは沈黙の塔で今も鳥葬が行われているという。

古代のペルシャと日本

ゾロアスター教が気になるのは、理由がある。奈良県明日香村に点在する「謎の石造物」の代表格、岡の酒船石《さかふねいし》について、作家・松本清張が小説「火の路《みち》」で、ゾロアスター教の神酒を造る装置との説を唱えていたからだ。学術的には否定されているものの、興味深い視点だった。大松明《たいまつ》の炎が春を告げる東大寺・二月堂（奈良市）の「お水取り」もまた、火を神聖視するゾロアスター教の影響が指摘されている。古代の日本には、ゾロアスター教の残り香が漂う。

ゾロアスター教はササン朝ペルシャの国教だっただけではなく、シルクロードを往来したペルシャ系のソグド商人も信仰した。東漸《とうぜん》して中国では祆教《けんきょう》と呼ばれ、唐代の西安や洛陽には、祆教の寺院や祠《ほこら》があった。日本にゾロアスター教が伝わった証拠はないが、遣唐使らがゾロアスター教徒に接した可能性はある。

『続日本紀《しょくにほんぎ》』に天平八年（七三六年）、波斯《はし》人（ペルシャ人）の李密翳《りみつえい》が唐から来日した記録がある。二〇一六年年、奈良市の平城京跡で「破斯清通」というペルシャ人とみられる役人の名を記した木簡が、奈良文化財研究所の調査で出土していたことが明らかになった。李密翳本人か縁者だろう。彼らはゾロアスター教徒だったのだろうか。

奈良時代に来日にした唐の高層・鑑真の弟子で、後に唐招提寺の第四代住職となった安如宝《あんにょほう》は、ソグド人とされる。唐のソグド人は、出身地の国を姓にすることが多い、「安」は現在のウズベキスタン・ブハラにあたる。もっとも安如宝はゾロアスター教徒ではなく、仏教徒だったが。

日本にゾロアスター教そのものは伝わっていなかったとしても、「白瑠璃碗」をはじめササン朝ペルシャで作られたとみられる正倉院宝物のガラス器や、小さな円が連なった連珠文《れんじゅもん》の意匠など、ペルシャの有形、無形の文化は、ペルシャ人やソグド人との直接、間接的な交流によって日本にもたらされていたとみてよいだろう。

ゾロアスター教が現代社会に生き続けていることを、最近になって知ることになった。

ロックスターとゾロアスター教

英国の人気ロックバンド「クイーン」のボーカル、フレディ・マーキュリー（一九四六〜九一年）を主人公にした大ヒット映画「ボヘミアン・ラプソディ」を二〇一八年に映画館で鑑賞した。長年のファンとして内容に感動しつつも、フレディの死後、「ゾロアスター教のしきたりに則り火葬された」という日本語字幕に引っかかった。ゾロアスター教では、火は神聖なもので決して火葬にはされない。土葬すら許されず、風葬（鳥葬）されるからだ。

フレディがイスラム勢力の支配下にあったイランからインドに脱出した「パールシー（ペルシャという意味）」と呼ばれるゾロアスター教徒の末裔《まつえい》であることは知っていた。パールシーはインド西部のムンバイを中心に暮らしており、富裕層が多く、世界的なタタ財閥の一族もパールシーとして知られる。

フレディ自身は、パールシーの父の仕事の都合でアフリカ東海岸のインド洋上にあるザンジバルで生まれだが、両親が厳格なゾロアスター教徒で自身もゾロアスター教徒だったとされる。映画でも「善《よ》き思い、善き言葉、善き行い」というゾロアスター教の教えが印象深く語られていた。

では、私が字幕を見間違えたか、字幕の翻訳が間違っていたのか？　同僚を通じて映画関係者に確かめると、映画で「cremated（火葬された）」と述べられているのは間違いなかった。では、映画監督の勘違いなのだろうか？　だが、フレディの伝記を読むと、確かにロンドンで火葬されたと記され、葬列の写真も載っていた。インターネット上で、「英国では鳥葬が許されていないから火葬された」という書き込みを見つけたが、信仰とはそんな融通無碍《ゆうずうむげ》なものではないのではないかと疑問が湧いた。ならば、フレディがゾロアスター教徒ではなかったか、ゾロアスター教に火葬を容認する新しい教えが生まれたのだろうか？

日本のゾロアスター教研究の第一人者、青木健・静岡文化芸術大学教授に教えを乞うと、「えっ？ファルーク・バルサラ（フレディの出生名）の遺体は、ムンバイに運ばれて鳥葬にされたと思っていました。ゾロアスター教徒なら、今でも火葬はあり得ません。世界中にいる大勢のファンの手前、偽装したのではありませんか」と驚いた様子。火葬場に向かう車列の写真が残されていて偽装の可能性は極めて低いと思うが、フレディの墓の場所は明らかにされておらず、謎は残る。

現代では、英国だけではなく、多くの国で鳥葬ができないのは事実。フレディは必ずしも熱心なゾロアスター教徒ではなかったといい、鳥葬にこだわりがなかったのかもしれない。葬儀はゾロアスター教の神官が執り行ったようで、可能な限りゾロアスター教の習慣を尊重することで、パールシーの遺族もやむを得ず火葬を容認したとみるべきなのだろう。それでも、映画の「ゾロアスター教のしきたりに則り火葬された」という表現は、ゾロアスター教への理解不足と言うべきだ。

日本のゾロアスター教徒

鳥葬をしなかったゾロアスター教徒というつながりで、日本にいたゾロアスター教徒を思い出した。

神戸市北区にある神戸市立外国人墓地にゾロアスター教徒の墓がある。約三〇基あるとみられるが、墓地の移転や子孫が絶えたことなどからはっきりしない。日本でも鳥葬ができなかったため、土葬されているという。

明治一五年（一八八二年）、最初に来日したパールシーの名は、ジャムセジ・タタ氏という。世界的なタタ財閥の創始者だった。タタ氏はすぐ離日するが、以降、続々とパールシーが来日し、神戸や東京、横浜で綿花貿易などに携わり、それぞれ小さなコミュニティーを作った。大正一二年（一九二三年）の関東大震災で関東のゾロアスター教徒は神戸に移住。コミュニティーは神戸一か所になるが、一九四七年にインドが独立した際、イギリス国籍も選べたため、多くがイギリスへ渡り、六〇年代に紡績業が衰退すると神戸のコミュニティーも消滅した。

神戸のパールシーの記録はほとんどない。神戸市立外国人墓地の墓参者に絡む取材で、神戸に縁を持つ兵庫県宝塚市在住のパールシー、ボミ・ナナボイ・シュロフ氏と知り合った。シュロフ氏によると、神戸のゾロアスター教徒は、子孫もほとんどが海外に移住し、神戸近郊に暮らすパールシーは自分一人という。東京や大阪に他の子孫がいるかもしれないとのことだったが、連絡を取り合っているわけではなく、はっきりしないようだ。

シュロフ氏の父はムンバイ出身で、一九二〇年代から神戸で綿花貿易やホテル業を営んだ。そのホテル「イースタン・ロッジ」は、現在はなくなってしまったが、第二次大戦中、ナチス・ドイツの迫害を逃れ、欧州を脱出したユダヤ難民が一時滞在しており、歴史的な意義を持つ。

日本にゾロアスター教の神殿はなく、神官もいない。シュロフ氏はミッション系の学校に学び、普段の暮らしにゾロアスター教の習慣はほとんどないという。それでも「神戸にいたパールシーの営みは、神戸が世界に通じていた証しで、誇りに思っている。パールシーも葬られている外国人墓地は歴史遺産。日本の方もぜひ訪れてほしい」と訴える。

外国人墓地にはシュロフ氏の父、日本人の母も眠る。「自分が死んだらゾロアスター教徒として両親同様、この墓地に埋葬してもらうだろう」と語る。シュロフ氏のゾロアスター教徒としての生き方は、フレディ・マーキュリーにどこか重なる。

シュロフ氏に跡継ぎはいないという。日本のゾロアスター教の火は、このまま消えてしまうのかもしれない。

3　トルコ石考——ペルシャの輝き

正倉院宝物の宝石

螺鈿《らでん》や宝石の輝きは、唐の都の華麗さを凝縮した宝石そのもののようだ。正倉院宝物の「平螺鈿《へいらでん》背八角鏡《はいのはちかくきょう》」と「平螺鈿背円鏡《へいらでんはいのえんきょう》」。正倉院の北倉に七面、中倉に二面が伝わっている。

螺鈿に使われている夜光貝《やこうがい》は東南アジアなど南の海に産する。花弁を形どる赤い琥珀《こはく》はミャンマーで採れる。隙間には、青と水色の細かい粒がびっしりとちりばめられている。青い粒はアフガニスタン産のラピスラズリ。そして水色や白い粒は、ペルシャ（イラン）産とされるトルコ石だ。金属部分は銅七五％、錫《すず》二五％、鉛五％の銀色の白銅。唐代の鏡と同じ成分で、唐製ということがわかる。一面で唐の国際性を如実に物語っている。

平城遷都一三〇〇年を記念して奈良県橿原市の奈良県立橿原考古学研究所附属博物館で二〇一〇年四～六月に開かれた春季特別展「大唐皇帝陵」では、中国陝西省の墓（七三六年）から出土した「螺鈿八花鏡」が出展された。正倉院宝物と同様、螺鈿の花や鳥で飾られ、隙間をラピスラズリとトルコ石の小粒で埋めていた。正倉院宝物の鏡は確かに唐の鏡なのだと実感できた。

宮内庁正倉院事務所の成瀬正和氏は次のように述べている。〈中国では『周書』『魏書』『隋書』などが、波斯の特産物のひとつに「瑟瑟」の名をあげており、また『大唐六展』中尚署の部にはそこで製作する器物の材料として「瑟瑟」を波斯から求めていたことがみえる。「瑟瑟」とはトルコ石のことと考える。当時のトルコ石の産地はニシャプールであった…〉（『日本の美術439　正倉院宝物の素材』至文堂、二〇〇二年）。その通りだと思う。

古代日本において、ラピスラズリについては、同じ正倉院宝物でベルトの帯を飾った「紺玉帯《こんぎょくのおび》」が知られ、後に顔料としても使われるようになるが、トルコ石については、正倉院宝物を飾った小粒しか知られておらず、なじみの薄い鉱物だった。

トルコ石は宝石？

トルコ石と言っても、トルコが主産地であったことはない。十字軍の時代、トルコ経由でペルシャのトルコ石がヨーロッパに出回ったため、「トルコ石」と呼ばれるようになったという。

現在の主産地は、アメリカと中国。イラン産はあまり出回っていない。成分は銅とリン酸で珍しいものではないというが、瑪瑙《めのう》や水晶、翡翠《ひすい》と違い、海や川、山を歩いていて拾えるようなものではない。かつて、栃木県日光市の「文挟《ふばさみ》クレー」という工業用の粘土鉱物を採掘している場所で採れたが、白っぽく宝石になるようなものではなかったという。

ダイヤモンド、ルビー、エメラルド、サファイアなどに比べると、輝きや希少性、硬度が落ちるとして、宝石ではなく、貴石と呼ばれることもある。トルコ石はワックスやプラスチックを含浸（がんしん）させて耐久性や色調を改善したり、粉末を樹脂で固めたりしたものがあることも、高級品ではないというイメージを作っている。さらにハウライトという別の石に着色した「ハウライト・トルコ石」という製品もあり、天然のトルコ石ではないものを、そう明示しないまま、ブレスレットやネックレスとして販売している店もある。

イラン産のものは色艶といい、希少性といい、れっきとした宝石だ。だが、宝石鑑定業者によると、日本に出回っているトルコ石製品は数万円以内のものが大半で、四〇〇〇～五〇〇〇円かかる鑑定書をつけることはほとんどないという。

世界最良質とされるイランのトルコ石は、年間四〇～五〇トン産出されているというが、流通先は地元か中東諸国で、日本への輸出量は極めて限られている。宝石店や絨毯などを扱うイラン製品の輸入販売店でも、イラン産のトルコ石を扱っているところは少ない。日本ではイラン産のトルコ石の素晴らしさが今もあまり伝わっていない。

トルコ石の産地

黒褐色のとがった峰の中腹に大小の穴がうがたれていた。そのうちの一つ、傍らに白いバラの花が咲く出入り口から穴の中に入った。標高は一五六〇メートル。冷たい風が吹き出してくる。ヘルメットをかぶり、中に足を踏み入れた。気温は一七度。真夏の外気との差は二〇度近い。それが、トルコ石鉱山の坑道だった。

かつてシルクロードの要衝として栄えたイラン北東部のニシャプールの近くにトルコ石鉱山があ

る。その名もマダン（鉱山）村。トルコ石鉱山はイラン各地にあるが、その中で最古、最大だという。村人は「約五〇〇〇年前から採掘している」と説明した。

人ひとりがようやく通れる坑道の脇の水路を透明な水が流れる。歩を進めると、壁につるされた裸電球の淡い光が水際を照らした。岩肌に水色が見えた。トルコ石だ。

横坑をすすむなか、ときおり竪坑があり、何か所か広場のような、天井の高い広々とした空間があった。良質の鉱脈にあたり、掘り広げた跡だという。「こっちは一〇年前。あっちは五〇年前かな。最近はいいものが採れなくてね」。案内に立った担当者が肩をすくめた。いつごろ掘られたのかさえ忘れられた坑道が、いくつも山に口を開ける。

坑道の出口は数十人の男がたむろしていた。仲買人だ。ニシャプールだけではなく、近くにあるイラン第

図13　5000年前から採掘が続くというトルコ石鉱山
（イラン・ニシャプール近郊で）

図14　坑道の入り口。
白いバラが咲いていた（イラン・マダン村で）

二の都市・マシュハドや首都テヘランからも買い付けに訪れる。半年間、採りためた原石の入った一袋約九〇キロ入りのドンゴロス（麻袋）が次々に運び出され、中を改めずにその場で値段が決められ、トラックやバイクに積み込まれていく。

マシュハドから訪れた仲買人は「昔は鶏の卵ほどの塊が入っているものもあったんだけど……。最近は小粒だね。でも、一発あてれば大きい。いいのが入っていればいいけど」と話した。ふと、自分の左手にはめた大粒の指輪を見せて、「これ、米ドルで買わないか。安くしとくよ」と笑った。イランでは災い除けに男性もトルコ石の指輪をはめるのだという。

ニシャプールには、キャラバンサライ（隊商宿）を改修し、工芸品や物産品を販売する場所がある。その一画にトルコ石の専門店があった。マダン村のトルコ石は採掘場所によって色合いが違うのだという。イランで人気があるのは、空のような滑らかな水色。ヨーロッパでは緑色も人気という。珍しいのは、水色の地に茶色の網目模様が入ったものだ。日本では、まずお目にかからない。

トルコ石は、奈良時代から珍重された宝石。安価な偽物がはびこっているのを残念に思った。

4　韓国の前方後円墳

空白の六世紀

大阪府堺市などの百舌鳥《もず》・古市《ふるいち》古墳群が二〇一九年、世界文化遺産の登録が決まり、「前方後円形」という日本独特の墳墓の形が改めてクローズアップされている。前方後円墳（前方後円形墳）は、日本以外では韓国南西部にあり、築造意図や被葬者などを巡ってさまざまな説が出ている。

韓国では前方後円墳が造られた六世紀は、日本では中国・南朝に使者を送った倭《わ》の五王の時代（五世紀）と、遣隋使を派遣した飛鳥時代（七世紀）との狭間にあたる。文献記録はほとんど残されていないが、日本は古代国家形成に向けて大きな変革期を迎えていた。韓国の前方後円墳について考えることは、東アジアの〈激動の六世紀〉の空白を埋めることにつながる。

私が韓国の前方後円墳について知るきっかけとなったのは、韓国南部の慶尚南道固城《コソン》郡にある松鶴《しょうかく》洞《どう》一号墳（六世紀後半）の調査だった。

二〇〇〇年秋、日本（倭）独特とされてきた内部を朱塗りにした石室が確認された。日本の須恵器と似た焼き物も副葬されていた。現地で調査の助言をした日本人研究者を通して情報を知り、共通の古墳祭祀《さいし》文化があったことを一〇月二日の読売新聞夕刊一面で報じた。

松鶴洞一号墳は一九八三年に韓国の研究者によって「前方後円墳」として紹介され、日本で韓国の

図15　前方後円墳の月桂洞1号墳（左）と2号墳（韓国・光州で）

前方後円墳について考えられるきっかけとなった学史的に重要な古墳だ。だが、その後の発掘調査で、二つ並んだ円墳の間に小さな円墳がある、団子が三つ重なったような形と判明した。前方後円墳でこそなかったが、私には前方後円形を意識して整えられたような墳形にも見えた。

その周辺取材を通して、遅ればせながら韓国に複数の前方後円墳が存在することを知ったのだ。「前方後円墳は日本だけじゃなかったんだ」と感心しつつ、当時はその意義について深く考えることもなく、現地を訪れることもなかった。

被葬者は？

二〇一九年八月、韓国政府の海外ジャーナリスト招聘《しょうへい》事業で、取材テーマの一つにした「韓国の前方後円墳」について調べるため、韓国・光州を訪れた。商業施設やマンションに囲まれたなか、こんもりとした前方後円墳二基が並んでいた。月桂洞《げっけいどう》一号墳（全長四五・三メートル）と二号墳（全長三三メートル）だ。ここからは日本の古墳同様、墳丘を飾った円筒埴輪約一〇〇基も出土し、その一部が全南大学博物館に展示されている。倭系の円墳一基も近接してあり、古墳三基が集中するのは、韓国の前方後円墳ではここだけだという。

一九九三～九七年に発掘調査を担当し、研究を続けてきた林永珍《イムヨンジン》館長は、古墳が造られた時期や場所、当時の政治状況から、「被葬者は五世紀末、大和王権による統一を嫌って逃れた北部九州の倭人と、その後の磐井の乱（五二七年）で大和王権に敗れて脱出した北部九州の倭人。いわば北部九州勢力の二度のディアスポラ（民族離散）によって造られた」と主張する。

その理由について、韓国では群集墳が多いが、前方後円墳は馬韓（一～四世紀、韓国南西部にあった小国群）の中心地を避けて単独で築かれており、「倭人同士が同盟して反乱を起こさないようにバラバラに配置したからだ」と説く。

韓国の前方後円墳は、これまでに南西部を流れる栄山江流域で、全長二〇～七〇メートルの一四基が確認されている。今後、さらに見つかる可能性もあるが、一〇〇メートルを超えるものはなさそうだ。かつては「日本の前方後円墳のルーツ」との説もあったが、築造時期が、日本で前方後円墳の築造が始まる三紀代より新しい五世紀後半～六世紀前半に限られることがわかり、研究者の主な関心は、築造理由や被葬者論に移った。

馬韓は、倭と百済が支配を巡ってしのぎを削っていた。雄略天皇とされる倭の五王の一人、武は四七七年、中国・宋に遣使し、「使持節都督倭・百済・新羅・任那・加羅・秦韓・慕韓七国諸軍事安東大将軍倭国王」を称し、百済以外の六国について認められている。このため被葬者像は、ディアスポラ説以外に日韓の研究者から、①馬韓を支配した倭人②百済や馬韓に仕えた倭人③倭の影響を受けた百済人④倭との結びつきを盾に百済を牽制した馬韓人――など様々な説が出ている。

近年、発掘調査が進み、石室や副葬品の内容の検討も始まった。その結果、複数の地域の要素が交ざった例が多く、簡単に被葬者を倭人、あるいは百済人や馬韓人とは判断できない実態がわかってきた。洪潽植《ホンボシク》・光州大学副教授（考古学）は「墳形や石室などは日本、土器などは現地の影響がみられる。副葬品に武器や武具など武人的な要素は少なく、被葬者は日本と朝鮮半島との交易を担い、各地の要素を取り入れることができた倭人ではないか」と推測する。

韓国では長年、国民の反日感情を反映し、日本の影響が予測される前方後円墳に対する関心は薄く、林館長ら限られた研究者が細々と研究を続けてきた。注目されだしたのは一九八〇年代になってから。そうした調査・研究を踏まえ、林館長は「前方後円墳という名称は、馬韓が大和政権に支配されていたという印象を与える。長鼓墳と呼ぶべきだ」と主張する。

確かに韓国の前方後円墳は、日本の前方後円墳に特徴的な段築が認められず、葺石もない。平面は前方後円形だが、段築のない墳丘を見上げると、一見、同じ築造意図や設計図で築かれたとは思えない。被葬者が倭人というなら、こうした違いは何に起因するのだろうか。「ディアスポラ」だというなら、なぜ国外に脱出してまでも、前方後円形という大和王権の墓制にこだわる必要があったのだろうか。独特の墳形を採用したのには、それだけの理由があったはずだ。

それに、全長二〇〇メートルを超える日本の巨大前方後円墳に比べて小さいとは言え、忠清南道・公州にある百済の武寧王陵を含む宋山里古墳群が、直径二〇メートル前後の円墳であることを考えれば、王陵より大きな墓だったことになる。それはなぜなのだろうか。

韓国の形象埴輪

近年、韓国の前方後円墳を考えるのに、前方後円墳以外の古墳の調査も重視されるようになってきた。咸平《ハムピョン》・金山里方台形古墳（五世紀後半～六世紀前半、全長四〇～五〇メートル）では、鶏や馬、人物などの形象埴輪が韓国で初めて出土した。被葬者の生前の暮らしを再現した形象埴輪を古墳に並べるのは、円筒埴輪よりさらに日本の古墳文化に近いと言える。墳丘のようにびっしりと石が敷かれ、段築こそなかったものの、大きめの石列が墳丘をぐるりと巡り、段築をイメージさせた。

調査は継続していて、調査担当の李釩起《イブンキ》・全南文化財研究所長は「地元の歴史を明らかにするための学術調査だったが、想定外の成果に困惑している。こんなことなら日本の埴輪について、もっと勉強しておけばよかった」と苦笑する。現状では被葬者について、「海岸近くの立地から、海を通じて倭と深い交流があった地元の首長」と考えているという。すぐ近くにほぼ同時期の前方後円墳の竹岩里古墳（咸平長鼓山古墳）もあり、たしかに倭と密接な関係がありそうな地域だ。将来的に主体部を発掘する予定といい、「古墳の全容が解明できれば、被葬者像や日本との関係も、より明らかになるのではないか」と期待する。

調査現場を説明してもらい、取材がひと段落した後、李所長をはじめ調査員から、日本の古墳や埴輪から金山里方台形古墳の被葬者まで質問攻めにあってしまい、その熱心さに驚いた。私の答えられる範囲でなんとか回答すると、「新聞記者なのに、なんでいろいろ知っているんですか」と今度は逆に驚かれた。とても満足してもらえたとは思えなかったが、笑顔で別れを告げた。

政治的な日韓関係は、いまだ良好と言えないが、こうした個人の交流の積み重ねが、遠からぬ将来、韓国を「近くて遠い国」から「近くて近い国」に変えるのだろうと感じた。

一方、古代日本と最も関係が深いとされてきた韓国南部の伽耶地域では、土器や筒形青銅器のような倭系遺物は多数確認されているものの、前方後円墳は確認されていない。前方後円墳が築造されなかった理由はわからず、栄山江流域だけに前方後円墳が造られたこととともに、大きな謎だ。

韓国での調査・研究が進展したことで、栄山江流域の前方後円墳の実態は、予想以上に複雑だったことが明確になってきた。倭王権の政治秩序をそのまま当てはめるには無理がある。

未調査の韓国の前方後円墳は少なくない。今後、さらに調査が進み、日韓の研究者が協力して百済や伽耶、そして北部九州や近畿をはじめ列島各地の古墳と比較することで、古代の日本と韓国の歴史に新たな光があたることを期待したい。

さらに言えば、古代から続く日韓両国の深い絆がより明らかになることで、両国の関係改善の一助になることを願わずにいられない。

5　馬、鉄、須恵器

「河内の牧」の発掘

日本列島で本格的に馬の生産が始まったのは、古墳時代中期の五世紀、朝鮮半島からの渡来人の手によってだった。大阪府教育委員会が発掘調査した四条畷《しじょうなわて》市の蔀屋北《しとみやきた》遺跡は、古墳時代にどのように馬の飼育が始まったか、その実態を明らかにした。

蔀屋北遺跡は府教委が二〇〇一～〇九度、府営下水処理施設「なわて水みらいセンター」の建設に伴って約二万五〇〇〇平方メートルを調査。五世紀初めから約二〇〇年にわたって営まれた渡来系の馬飼い集落跡を確認、多種多様の遺物が大量に出土した。最初期に日本で馬を飼育した「河内《かわち》の牧《まき》」とみられる。

遺跡からは、丸木舟に舷側板《げんそくばん》を取り付け、外洋航海ができる「準構造船」の部材を転用した井戸枠のほか、櫂も見つかった。準構造船の部材にはモミが使われていて、朝鮮半島で作られたとみられる。長さ一〇～一二メートルに復元でき、これなら子馬一、二頭を運べそうだ。

出土した土器から、集落には百済から訪れた人々が住んでいたことが判明。鉄器生産や、馬の飼育に必要な塩作りもしていたらしい。四条畷市内では、五世紀初め～六世紀前半の馬の骨が四〇～五〇頭分出土しており、飼育していたのは体高一・二一～一・三メートルの小型の馬だったとみられる。御崎《みさき》馬《うま》（宮崎県串間市）や対州馬（長崎県対馬市）など日本の在来馬につながる。

蔀屋北遺跡では、五世紀中ごろの馬の乳歯が二頭分見つかった。二〜二歳半とみられ、はみ（馬具）を着けて乗馬訓練を始める直前だったとみられる。朝鮮半島から持ち込まれたか、牧場で生まれたらしい。

また、五世紀中ごろの渡来犬とみられる犬の骨一〜三頭分も出土。体高は推定五二センチで現在の四国犬ほどの大きさ。弥生時代の犬より一回り大きく、韓国南部の勒島《ヌクド》遺跡（紀元前一世紀）でほぼ同じ大きさの犬の骨が見つかっており、渡来人が馬の飼育に役立たせるために持ち込んだ牧羊犬だった可能性もある。韓国にも、古代の馬の生産・飼育について、これほどよくわかる遺跡はない。

馬関係以外に、刀子《とうす》などの鉄器や須恵器も大量に見つかった。馬、鉄、須恵器は五世紀の日本列島に大きな変革をもたらした外来文化だ。

馬は貴重な乗り物として権威の象徴となり、軍事、輸送、通信などさまざまに役立った。現在で言えば、高級乗用車に戦車、トラックなどを足して割ったようなものだ。鉄器は軍事や農業、

図16　在来種の対州馬（長崎県対馬市で）

土木工事を進展させ、硬い須恵器は日本の陶器の起源となり、暮らしを一変させた。

蔀屋北遺跡では、その三点セットが百済からもたらされたことを示している、五世紀以前の日本と朝鮮半島の交流は従来、釜山周辺にあった伽耶《かや》ばかりが注目されてきたが、百済の役割も大きかったことを改めて示した。

鉄器と倭の五王

大阪府藤井寺市の野中《のなか》古墳（五世紀中ごろ）は、古市古墳群にあり、全長二二五メートルの巨大前方後円墳、墓山《はかやま》古墳の北側に近接して造られた一辺三七メートルの方墳。世界遺産に指定された百舌鳥・古市古墳群の構成資産となっている。

一九六四年、大阪大学文学部国史研究室が発掘調査した結果、大量の副葬品が出土した。短甲《たんこう》（よろい）一一領とそれに付属する冑《かぶと》がメイン。全国でも第二位の甲冑《かっちゅう》の出土数となる。ほかにも鉄刀一五三本、鉄剣一六本、鉄鏃《ぞく》（矢じり）約七四〇本も出土した。

小さな方墳に納められるような量ではなく、被葬者は武人だろうが、到底一人分とは考えられない。人が埋葬されておらず墓山古墳の被葬者の副葬品だったという説や、軍事組織をまとめた人物という説などがあるが、決着はついていないようだ。

五世紀とは、中国南朝に使者を送った「倭の五王」の時代。大和王権が内政、外交、軍事の支配権を確立し、高句麗、百済、新羅の三国と対抗した朝鮮半島の動乱にもかかわっていた。王権の軍事色は強まり、半島から大量の鉄製武器・武具も入手していたのだろう。野中古墳にみられるように、四世紀以前とははけた違いの量だ。

そうした軍事力、経済力を背景に、百舌鳥・古市古墳群にあるような巨大古墳が次々に築かれた。ただ、大山《だいせん》古墳（仁徳天皇陵）をはじめ、宮内庁が陵墓に指定している巨大古墳は主体部が発掘されておらず、何が副葬されているかはわからない。そうした意味で、野中古墳からは巨大古墳には、それ以上の副葬品が納められていたのではないかと類推できる貴重な手がかりになるのだ。

大阪大学考古学研究室は二〇一八年一二月、野中古墳から出土した遺物を三次元計測してホームページで公開するプロジェクトの資金をクラウドファンディングで募り、目標の一五〇万円を達成した。二〇二〇年四月現在、プロジェクトは進行中で、野中古墳の意義を広めるのに貢献している。

図17　野中古墳で出土した甲冑。常設展示化を目指している
（2014年、大阪大学総合学術博物館で）

陶邑窯跡群の消滅

日本の焼き物生産のルーツ、陶邑窯跡群《すえむらかまあと》（大阪府堺市）が、近畿大学医学部・付属病院の移転や堺市の関連事業で消滅する可能性が出ている。窯跡群は一九六〇年代の泉北ニュータウン

建設などですでに大部分がなくなっており、わずかに残った部分。研究者らが調査や保存を求めているが、先行きは不透明だ。

近畿大学医学部・付属病院は二〇二三年度、現在地の大阪狭山市から堺市南区の田園公園・三原公園一帯に移転する計画が進んでいる。受け入れ側の堺市は、二つの公園が移転で縮小する代わりに、近くの府立大型児童館「ビッグバン」そばの濁池《にごり》一帯に「泉ヶ丘公園（仮称）」を整備するとしている。

堺市によると、濁池西側には窯跡群を構成する窯跡約一〇基が集中している。また、池の東側は調査が一部しか行われていない。このため、池の周囲に公園の周遊路などが整備されると、窯跡が壊される可能性があるという。近大医学部などの予定地も窯跡約一〇基が点在しているとみられるが、現状は不明だ。

このため市民団体「泉北ニュータウン学会」歴史部会の新保憲一氏は移転などで陶邑窯跡群が完全になくなってしまう懸念がある。堺市は有無を確認する調査を行い、遺跡の案内表示などを整備してほしい」と要望。二〇一九年六月、「すえむら濁池の窯跡を守る会」を設立し、堺市などに十分な調査や保存、活用を求めている。

陶邑窯跡群は堺市など三市の丘陵地一帯（東西約一五キロ、南北約九キロ）に広がる国内最古・最大の窯跡群。大和王権が四世紀末～五世紀初め、朝鮮半島の最新技術を導入して須恵器の生産を始めた地で、「陶邑」の名は『日本書紀』にも登場する。出土した須恵器の型式は詳細に分類されており、各地で遺跡の年代を決める物差しになっている。約一〇〇〇基の窯跡があったとみられるが、開発でほとんどが破壊されてしまった。

塚口義信・堺市女子短期大学名誉学長（古代史）は「わずかの残った窯跡がまた破壊されるようなことがあってはならない。堺市と近大は、しっかりと調査や保存に取り組んでほしい」と語る。今後の展開を注視したい。

コラム③　パルミラの悲劇

宗教対立や戦争犯罪というより、文明への挑戦、歴史に刻まれる暴挙と言える。

イスラム過激派組織「イスラム国」が二〇一五年八月、シリア中部にあるシルクロードの隊商都市、世界文化遺産・パルミラ遺跡の神殿などを爆破し、遺跡を愛し共に生きてきた老研究者を殺害した。シリアには今も入国ができず、遺跡の復旧は進んでいない。パルミラは日本と縁の深い遺跡だけに、日本の西アジア史研究の存続が危ぶまれている。

「イスラム国」はパルミラ遺跡内のバール・シャミン神殿やベル神殿など主要な建築物を破壊し、出土品の保管場所を明かさなかったとして、前パルミラ博物館長のハレド・アサド氏（享年八一）を殺害した。ならず者の仕業だ。

パルミラ遺跡の発掘調査を通じて、一九九〇年から親交のあった西藤清秀・元日本西アジア考古学会長によると、アサド氏はベル神殿近くの実家で生まれ、ダマスカス大学で学んだ。パルミラ最盛期の一～三世紀に使われたパルミラ語を解読できる、数少ない研究者だった。政府から文化大臣就任の打診を受けたこともあるが、「遺跡のそばにいたい」と固辞したといい、二〇〇四年に館長を退職した後は、遺跡を一望できる自宅で著述に専念していた。

学問一筋の厳格な性格だったが、私生活では子宝に恵まれ、長男のワーリド氏ら息子三人と、パルミラの女王にちなんでゼノビアと名付けた長女の夫がパルミラ博物館で働いていた。新日家としても知られ、一九七七年、展覧会で来日した際、開会式で胸に着けていたリボンをケースに入れて大事に保管し、「いつかまた日本に行きたい」と語っていたという。

家族の話として、殺害される数日前、家族はパルミラから脱出したが、アサド氏は「遺跡が心配だから残る」と同行を断った、と伝えられている。悲報を聞いた西藤氏は「心配はしていたが。出土品は、すでにダマスカスに疎開させていて、ほとんど残っていないのに……」と絶句した。

日本西アジア考古学会は二〇一五年一二月、シリア国内で発掘に携わった日本やポーランドなど約一二〇の調査隊に呼びかけ、レバノン・ベイルートで会議を開いて、調査成果をシリア側に託した。だが、シリアの内戦は長引き、他の地域の政情も不安定で、日本の大学教育などで西アジアを対象にすることが困難になっている。現在はシリア、イラン、イラクなどではなく、アラブ首長国連邦（UAE）やカタールなどを調査しているが、シリアで盛んだったシルクロード研究は難しい。西藤氏は「シリアを訪れることができるようになるまで何十年かかるか。日本の研究は国際的に評価されてきたが、このままでは停滞してしまう」と苦悩を深めている。

シリアを襲った悲劇に、日本の私たちが無関心でいるわけにはいかない。だが、何をどうすればよいのか。まずは、こうした問題があるのを知ることから始めたい。

第四章　邪馬台国論争は決着するか

大池に姿を映す箸墓古墳（奈良県桜井市で）

図18　整備された纒向遺跡の大型建物跡（奈良県桜井市で）

1　纒向遺跡の調査――邪馬台国か大和王権発祥の地か

緑の葉

あれは、いつのことだったか。奈良県桜井市教育委員会の職員らと、遺跡から出土する緑の葉が空気に触れるとたちまち茶色に変色してしまうことを話題にしていたときのことだった。話を聞いていた俳優にして考古学研究者の苅谷《かりや》俊介氏が声を上げた。「おーっ、俺、見たことあるよ。纒向《まきむく》遺跡で」。真偽は確かめようもないが、なんとうらやましい。

苅谷氏は一九八二年から俳優と考古学研究者の二足のわらじをはく。日本考古学協会員であり、京都橘大学客員教授を務める。一九九六年から、「あこがれの地」という纒向遺跡で桜井市教委が実施する発掘調査に、マイカーのハンドルを握ってかけつけ、手弁当で参加している。そんな縁で知り合った。

「苅谷さん、なんで葉っぱが見つかったとき、連絡くれなかったんですか」「連絡したって、すぐ茶色になったよ」。軽口をたたきながら、三世紀に思いをはせた。纒向遺跡にいた人々が目にしたに違いない緑。どんな人々が、どんな風景を目にしていたのだろうか。

纒向遺跡の花粉分析では、さまざまな海外の植物が見つかっている。まずベニバナ。一九九一年に遺跡中心部の溝から採取した三世紀中ごろの土について、金原正明・奈良教育大学准教授（環境考古学）が二〇〇七年に分析したところ、一立方センチメートルあたり二七〇～五六〇個の花粉が確認された。通常では考えられないほどの量で、遺跡にあったベニバナを用いた染織工房から流れた廃液が溝に残っていたと判断した。これまで最古だった藤ノ木古墳（奈良県斑鳩町、六世紀後半）の例を三〇〇年余りさかのぼり、日本で最古の例となった。

ベニバナはキク科の一年草。原産地は地中海地方からエジプトで、シルクロードを通って中国から伝わったとされる。黄色い花が徐々に赤くなり、花を乾かして水で洗い流して残る赤い色素が染料となり、織物を赤く染めたり、化粧に使ったりしたとみられる。日本では「末摘花《すえつむはな》」と呼ばれ、『源氏物語』にも登場する。

『魏志倭人伝』には、倭王（卑弥呼）が正始四年（二四三年）、魏に赤と青の織物「絳青縑《こうせいけん》」を献上したという記述があり、纒向遺跡と邪馬台国との関係性をうかがわせる。

また、同じ土から、パスタでおなじみのバジルの花粉も確認された。

バジルは、インドからヨーロッパに渡った種がイタリアでハーブとして用いられ、世界中に広がった。日本には自生しておらず、江戸時代には伝来していたという記録がある。古代には、東南アジアから中国を経て伝わったとみられ、国内では最古の例になる。

赤いベニバナが咲き、バジルが薫る都市――。纒向遺跡の国際交流や先進性を表しているのだろう。

布留0式

纒向遺跡を初めて訪れたのは一九九八年三月、東田大塚古墳《ひがいだおおつか》の発掘調査現場だった。桜井市文化財協会の調査で、周濠《しゅうごう》内から「布留《ふる》0式」と呼ばれる土器が出土した。洪水で一部壊され周濠の外縁部でも同じ型式の土器が見つかった。市文化財協会は「三世紀末以前に造られた最古級の古墳」だと発表した。

まず、「布留0式」に引っかかった。寺沢薫氏（現・桜井市纒向学研究センター所長）が提唱した土器編年だという。さらにわからない。「そもそも土器編年って何？」。桜井市教育委員会の橋本輝彦氏（現・同センター総括研究員、桜井市教育委員会文化財課長）が丁寧に説明してくれた。「土器を古い順番から並べて、年代を決める考古学の手法です。布留0式は寺沢さんの編年で、弥生時代と古墳時代の境目にあたるんです」。今なら、「何もわからない阿呆に、やさしく丁寧に説明してくれたな」と感謝するところだが、当時は理解が及ばなかった。「布留0ってなんなんですか？　どうやったら布留0ってわかるんですか？」と食い下がった。橋本氏は閉口して、「それなら矢部《やべ》遺跡の報告書に、寺沢さんの論文があるから読んでみて」ということだった。奈良県立橿原考古学研究所附属博物館の情報コーナーに置いてある報告書を読んでみた。まったく歯が立たなかった。

相当な挫折感だった。これまで多種多様の本を読み、そして、文章を読み書きする仕事についているのに、論文に書いてある内容が頭に入ってこない。これがノーベル賞候補の物理学者が英語で書いた論文なら、まだ許せる。だが、日本語で書かれた文系の論文が何度読んでもわからない。自分に自信をなくし、打ちひしがれた。このまま考古学という学問に、苦手意識を持ってしまうところだった。

それでも、「自分がわからないなら、わかっている人も少ないはず」と前を向いた。案の定、わかっていなさそうな研究者や論文にその後も出会うことになるが……。布留0式は大切な土器編年だ。寺沢氏とは親しく、決して寺沢氏の説がわかりにくいと批判するものではないことだけは、ここに申し添えておく。

こうしたほろ苦い思い出とともに出合った纒向遺跡だった。

纒向遺跡の基礎的な情報を紹介したい。纒向遺跡は奈良盆地の南東、三輪山の西側に広がり、東西二キロ、南北一・五キロの範囲にある三世紀初め～四世紀前半の大集落遺跡だ。一九三七年に、「太田遺跡」として紹介された後、忘れられていたが、一九七一年に雇用促進住宅の建設に伴う発掘調査で、遺跡の北部が確認された。

以来、桜井市教委を中心に一四〇次を超える調査が重ねられてきた。それでも調査されたのは遺跡全体の数%にすぎない。

集落遺跡にしては、墓（古墳）が多数あるのに、竪穴建物跡がほとんどないのが特徴だ。最も大きな特徴は、出土する土器の一五～三〇%が外来系の土器だということだ。出土場所にもよるが、外来系土器は東海が四九％、山陰・北陸が一七％、河内（現・大阪府東部）が一〇％、吉備《きび》（岡山県東部）が七％、関東と近江（滋賀県）が五％、西部瀬戸内と播磨《はりま》（兵庫県西部）などとなっている。これは何を意味するのだろうか。

纒向遺跡には西日本各地から人が集まっていて、一〇〇人いれば一五〜三〇人は、地元以外の人々だということだ。縄文時代や弥生時代の遺跡にはなかったことだ。

また、二〇一九年五月、三世紀前半〜四世紀前半の刀剣の柄《つか》や鞘《さや》などの木製や鹿角製の未完成品約一〇点が桜井市教育委員会の調査で出土したことがわかった。纒向遺跡で未完成の武器がまとまって出土するのは初めてで、一帯には大和王権直轄の武器工房があった可能性が高い。市教委などによると、弥生時代まで武器の形は地域によって異なっていたが、三世紀以降、全国的に形が統一されていったという。

かつて「縄文都市」や「弥生都市」という言葉が新聞を飾ったが、「都市」の定義があいまいだった。さまざまな地域から多くの人が集まり住み、海外との交流があり、専門工房のあったとみられる纒向遺跡こそ、日本最初の「都市」と呼ぶべきだ。

卑弥呼の宮殿か

二〇〇九年一一月一一日の読売新聞朝刊。一面に「3世紀　最大建物跡　卑弥呼の宮殿か」という見出しが躍った。桜井市の纒向遺跡で、三世紀前半〜中ごろの大型建物跡（南北一九・二メートル、東西六・二メートル以上）と、中軸線をそろえた三棟の建物跡が見つかったのだった。大型建物跡が確認されたのは、纒向遺跡では初めて。年代的にも邪馬台国の時代に合致する。「卑弥呼の宮殿じゃなければ、誰の、何のための建物なんだ」。そう考えられた。

現場は、JR桜井線（万葉まほろば線）の巻向駅近くの線路沿い。電車がごとごと走るのを横目に見ながら、現場に通い詰めた。纒向遺跡の現場が動いている限り、毎日現場に行くこと——。これが、大型建物跡が出土した当時、私たち読売新聞奈良支局の文化財担当者に課せられたミッションだった。まずは地元の桜井通信部員、用事があるなら隣の橿原支局員、それでも都合が悪ければ、奈良支局の新人記者まで投入し、桜井市教育委員会の担当者にあきれられた。「なんでそこまでやるの?」。それは、誰かが「緑の葉」に出合えるかもしれないからだ。無論、緑の葉とは象徴的な意味で、何らかの大発見に立ち会えるかもしれない。そのために毎日現場に行くことにしたのだ。——今のところ、大発見には立ち会えていない。

大型建物跡付近では、弥生時代の青銅器、銅鐸《どうたく》の破片が出土しているのも気になる。破片は縦三・七センチ、横三・二センチ、厚さ〇・三センチで、復元すると高さ約一メートルになると推定でき、銅鐸の祭祀《さいし》が終わりを迎える二世紀ごろのものとみられる。銅鐸の祭祀が営まれなくなってすぐに壊されて、銅素材として再利用されたらしい。王宮とみられる大型建物が建てられるとき、何らかの理由で銅鐸を壊す祭祀が営まれたと指摘する専門家もいる。まさにこの地で、信仰や祭祀、宗教が弥生時代から古墳時代へと移り変わっていったことを示している。

三世紀の大型建物跡は大変重要だが、私が注目したのは、五世紀末～六世紀初めの豪族居館の一部となる石張りの溝（幅四・五メートル、残存の深さ〇・八メートル）が同じ調査地から出土したことだ。溝の長さは、切れた部分を挟んで北に一六メートル、南に六メートル延びていた。溝の切れた部分が出入り口で、地形から居館の敷地は東に広がるらしい。この時期、纒向遺跡一帯を勢力に置いた豪族はわかっていない。桜井市教育委員会の橋本輝彦氏は「物部氏など大豪族に次ぐクラスの豪族の邸宅ではないか」と推測する。私は邸宅を建てた場所に意味があるなら、大王（天皇）家につながる一族の可能性もあると考えている。

今後の調査

大型建物跡が確認された場所は、ＪＲ桜井線で東西に寸断されており、周囲は宅地化されている。地形的な広がりもあり、今後、大規模に発掘するのは難しい。一帯は桜井市が史跡公園として整備する計画があり、そうした活用が望ましいだろう。

一方、天理市に近い遺跡の北部や、東部の山裾など調査すべき場所は多い。東部の山裾に三世紀後半以降の王宮が営まれたと予想する専門家もいる。かつて出土した「纒向大溝」と呼ばれる運河の未調査部分がどうなっているかも気になる。おそらく水運で大阪湾までつながっていたのだろうし、港があったのではないか。運河には、丸木舟か準構造船が沈んでいないか。さらに運河にたまった土砂を現代の科学的な手法で分析すれば、ベニバナやバジルの花粉以上の成果が上がるかもしれない。

「纒向遺跡」の名は残念なことに、まだ全国的に知れ渡っているとは言えない。今後の調査で、日本人の誰もがこの遺跡の名を忘れられなくなるような大発見を期待したい。

2　纒向古墳群の調査――邪馬台国時代は古墳時代か

箸墓古墳の調査

奈良県天理市の黒塚古墳で三三面の三角縁神獣鏡が見つかった一九九八年は、奈良県内の考古学的な成果の当たり年だったのかもしれない。明日香村のキトラ古墳の極彩色壁画と飛鳥池遺跡の官営総合工房跡、桜井市の吉備池《きびいけ》廃寺の巨大な塔跡、田原本町の唐古《からこ》・鍵《かぎ》遺跡の銅鐸鋳型……。そして、この発見もそうした大成果の一つに数えられるだろう。

桜井市の纒向古墳群にある前方後円墳、箸墓《はしはか》古墳の後円部南東側を桜井市教育委員会が発掘調査した結果、周濠を渡る大規模な渡り堤（長さ約八メートル、底部の幅四・八メートル）を確認したのだ。渡り堤は周濠にかかる陸橋や、周濠にたまった水が低い部分に偏らない機能がある。斜面が葺石《ふきいし》で整えられるなど弥生時代の墳丘墓にみられる渡り堤に比べて大規模で、構造も異なっていた。

渡り堤は天理市の行燈山《あんどんやま》古墳（崇神《すじん》天皇陵、四世紀前半）や渋谷向山《しぶたにむかいやま》古墳（景行《けいこう》天皇陵、四世紀後半）などにあるが、そのルーツとなり、古墳には最初から渡り堤を備えていたことが初めて明らかになった。

周濠からは「布留０式」の土器が出土し、三世紀後半の築造ということが確定的になった。布留０式の年代については諸説あるが、今のところ二六〇～二八〇年と考えたい。

箸墓古墳は『日本書紀』の崇神天皇一〇年九月条に、大物主神の妻となった倭迹迹日百襲姫命《やまとととびももそひめのみこと》が、大物主命の実の姿が小さな蛇だったことに驚き、箸で陰部を突いて死んだ墓として、〈故《かれ》、時人《ときのひと》、其の墓を号《なづ》けて、箸墓《はしのみはか》と謂《い》ふ。是の墓は、日《ひる》は人作り、夜は神作る。故、大坂山の石を運びて造る。則ち山より墓《みはか》に至るまでに、人民相踵《おおみたからあいつ》ぎて、手逓伝《たごし》にして運ぶ〉と記す。人が手渡しで石を運んで築いたとされる築造時期が、初めて確定したと言える。一九九八年九月の台風七号による被害の復旧工事で、倒木の根本から出土した埴輪《はにわ》や土器片も、この時期と合致した。

また、二〇〇〇年五月、箸墓古墳の前方部の南西隣接地で、埋もれていた墳丘の一部が、桜井市教育委員会の発掘調査で明らかになった。民家新築に伴う調査で、現在の墳丘裾の端から一〇メートル外側で、築造時の墳丘裾（残存の高さ〇・六メートル）を長さ八メートル分と、幅約一〇メートルの周濠も確認した。その結果、前方部の幅は現状より一七メートル広い一四七メートルとなり、前方部は左右対称のばち形だということが明確になった。幅の狭い周濠が墳丘の周囲を巡っていたこともはっきりした。これで形状も定まってきた。

あとは、被葬者が誰かである。これは、邪馬台国大和説論者では、卑弥呼と後継者の台与《とよ》、後の男王の三説で分かれるところだ。大和説論者は邪馬台国＝大和王権ととらえているが、邪馬台国九州説の論者でも、箸墓古墳の被葬者が大和王権最初の王という点では、否はないのではないか。私はどうかと問われれば、積極的な理由はないのだが、卑弥呼だったら面白いと考えている。

ホケノ山古墳の調査

「ハンコ、見つかった?」。桜井市の纒向古墳群にあるホケノ山古墳で、奈良橿原《かしはら》考古学研究所が一九九九年九月～二〇〇〇年九月に実施した発掘調査。現場で担当者に会うたび、しつこいぐらいに聞いた。魏から贈られた金印か銀印が本当に見つかるかもしれないと思っていたのだ。担当者も心得ていて、「あの石が少し膨らんだあたりが怪しいなあ。だけど、あそこを発掘するの、まだまだ先やね。最終的には発掘しないかもしれへんで」と笑っていた。結局、金印も銀印も見つからなかったが、「古墳とは何か」を深く考えさせる調査だった。

図19　ホケノ山古墳で確認された石囲い木槨の遺構（2000年3月、奈良県桜井市で）

ホケノ山古墳は全長約八〇メートルの前方後円形。後円部の直径約六〇メートル、前方部の長さ約二〇メートルで、箸墓古墳などと比べると前方部が短い。

埋葬施設を調査した結果、国内で初めて確認される「石囲《いしがこ》い木槨《もっかく》」と呼ばれるものと判明した。

前期古墳の埋葬施設は、側壁が上になるほどせり出して天井部で合わさる「合掌《がっしょう》式」と呼ばれる竪穴式石室に、丸太をくりぬいた長大な木棺が納められている。ホケノ山古墳では木槨（木の部屋）に長さ五・三メートルのコウヤマキ製の長大な木棺を置き、木槨の周りを石で囲んでいた。床面には、棺を置いた桟木跡が三か所あった。竪穴式石室が成り立つ直前の埋葬施設と考えられた。画文帯神獣鏡や内行花文鏡、銅鏃《どうぞく》（矢じり）、鉄鏃、鉄製刀剣類などが副葬されていたが、玉類はなかった。

橿原考古学研究所は土器などから三世紀中ごろと判断した。まさに邪馬台国時代にあたる。これを古墳と呼んでよいのか。

前方後円形の墳形、コウヤマキ製の長大な木棺、副葬品の組み合わせは、まぎれもなく古墳のもの。だが、前方部の短さ、埋葬施設の石囲い木槨は、これまで知られている古墳とは異なる。専門家の意見は大きく二つに分かれた。「墳形や木棺、副葬品の特徴から古墳と呼ぶべきだ」という説と、「最初の大王墓である箸墓古墳が最初の古墳（前方後円墳）になるのだから、弥生時代の墳丘墓と呼ぶべきだ」という説だ。

読売新聞は二〇〇〇年三月二八日の一面トップで「前方後円墳の原型　邪馬台国期（3世紀中ごろ）築造　奈良のホケノ山古墳」と報じた。〈弥生時代の墳丘墓から発展した前方後円墳の原型といえ、これまで不明だった古墳の発生段階の姿を初めて具現化するとともに、古墳時代が邪馬台国の時代に始まることを明確に裏付ける重要な資料となった〉と述べている。自分の書いた記事だが、二〇年たった今でも、この通りだと思っている。

邪馬台国時代の古墳

ホケノ山古墳が三世紀中ごろ築造と判明したことで、改めてクローズアップされた古墳がある。同じ纒向古墳群にある全長九九メートルの前方後円墳、纒向石塚《いしづか》古墳だ。戦時中に高射砲陣地に使われたため、墳丘が壊されてなくなっているが、周濠から出土した土器の編年や、木の年輪幅が一年ごとに違うことを応用した年輪年代測定による木製品の年代から、三世紀初めの築造と考えられている。古すぎてあまり議論の遡上に上ることがなかったが、さらに木製品の年輪年代測定の結果が物議を醸す古墳が現れた。纒向古墳群にある全長約一一〇メートルの前方後円墳、勝山《かつやま》古墳だ。

二〇〇一年五月三一日の読売新聞朝刊。一面トップで、「邪馬台国は古墳時代　奈良・勝山古墳築造最古3世紀初め」と報じた。勝山古墳から出土したヒノキ材（長さ四一センチ、幅一六センチ、厚さ二・五センチ）について、奈良県立橿原考古学研究所が年輪年代測定で調べた結果、樹皮に近い偏在部分が残っており、一九九年±四〜一二年、すなわち二〇三〜二一一年に伐採されたことが明らかになった。

ヒノキ材は被葬者の埋葬時、古墳上で営まれた祭祀《さいし》で使った建物のもので、終わった後に捨てられたらしい。年輪などから転用材ではなく、紫外線による劣化もなかったことから伐採後すぐに加工され、間もなく廃棄されたと考えられた。橿原考古学研究所は廃棄時期について、古墳築造と同じころと判断した。記事では〈「邪馬台国は古墳時代」とはっきりし、三世紀初めには強大な勢力が大和にあったことがわかった〉と述べる。専門家の間に異論はあるものの、他の報道各社も同じような論調だった。

ホケノ山古墳、纒向石塚古墳、勝山古墳の調査成果から、三世紀に入るとすぐに古墳時代が始まる。そう理解したい。

3　遺跡の年代測定

桃の種の年代

纒向遺跡で二〇一〇年に出土した桃の種約二八〇〇個の一部について、放射性炭素（C14）を用いた最新の年代測定方法「AMS法」で分析したところ、一三五～二三〇年のものとわかった。『魏志倭人伝』に書かれた邪馬台国の年代とほぼ合致する結果だ。これまで土器などから得られていた纒向遺跡の年代が、出土遺物の科学的な分析によっても裏付けられることになった。

C14年代測定法は、植物を含む生物は死亡して大気から炭素の吸収ができなくなると、体内に含まれる放射性同位体の炭素14が五七三〇年で半減する。その性質を利用して生物起源の遺物やすすや米のおこげなどの炭化物に残るC14の濃度から、生物が死んで経過した年数、何年前に形成されたかを産出する年代測定の方法だ。

AMS法（加速器質量分析法）は、炭素原子をイオン化して加速させ、C14原子を直接数えて年代を測定する方法で、従来よりわずかな試料の量で測定が可能になり、測定時間も短くなった。

桜井市教育委員会による二〇〇九年の調査で、「卑弥呼の宮殿」との説もある大型建物跡（三世紀前半～中ごろ）が出土した。桃の種はその翌年、建物跡の北約五メートルの穴から、アジやフナなど海や淡水の魚の骨などと一緒に見つかった。祭祀などに用いられた後、捨てられたと推測されている。

Ｃ14年代測定による調査は二機関で実施。中村俊夫・名古屋大学名誉教授の分析で桃の種一四個が一三五〜二二三〇年と測定され、近藤玲・徳島県教育委員会社会教育主事の分析でも、同じ穴から出土したウリの種や土器に付着した炭化物も含めて一〇〇〜二五〇年のものの可能性が高いとわかった。クロスチェックの結果、ほぼ同じ結果が出たことになる。

桃の種には果肉が残ってたものもあり、大型建物の廃絶後、新鮮な桃が祭祀にささげられたらしい。幅があるとは言え、大型建物跡の実年代（暦年代）が、科学的に割り出された意義は大きい。

年輪年代測定法

「俺はこの研究に命かけてんだ」。奈良文化財研究所の光谷拓実氏はしばしば、真顔でこう話しかけてくる。「この研究」とは、年輪年代測定法のことだ。測定結果に何か文句があるか、ということらしい。

輪年代測定法は気象条件によって年輪の幅が一年ごとに違うことを応用。年輪幅の変化の暦年標準パターン（物差し）を作り、樹木の年輪の成長が止まった年代、すなわち伐採年代を一年単位で割り出す方法だ。一九一〇年代にアメリカで研究が始まり、日本では光谷氏が一九八〇年から初めて研究に取り組んできた。約二〇年の研究で、ヒノキ、杉、ヒバ、コウヤマキで適用できることが判明。ヒノキは紀元前九一二年まで、杉は紀元前一三一三年まで測定できるようになった。

樹皮が残っていれば伐採年そのものがわかり、辺材部分が残っていれば誤差は小さくなる。滋賀県甲賀市の宮町遺跡（紫香楽宮跡《しがらきのみや》）や、大阪府和泉市、泉大津市にまたがる弥生時代の大規模環濠集落跡、池上曽根遺跡などで成果を出し、纒向遺跡では、纒向石塚古墳と勝山古墳で、周濠から出土した木製品について測定、三世紀前半という古墳の築造時期を考える決定的な手がかりになった、

無論、測定年代には転用材や長期間寝かせた木材で、遺跡の年代には直結しないという異論もある。これに対し、光谷氏は「これまでに計測した例から、転用材や寝かせた木材はほとんどない。測定結果が従来の考古学の常識に合わないとしても、自分は関知しない。考古学者が考えればよいことだ」と語っている。まさにその通りで、年輪年代に拒絶反応を起こしている考古学研究者もいるようだが、しっかり考古学的に検証してほしいものだ。

酸素同位体法

光谷氏のもう一つの口癖は「俺は孤独だ」というもの。考古学研究者らからいわれなき批判を浴びつつ、一人研究を続けてきたことが原因だろう。そんな光谷氏に、力強い援軍が現れた。酸素同位体法という年代測定法だ。正確な名称は、「酸素同位体年輪年代測定法」だ。

酸素同位体法は、日本では、中塚武・名古屋大学教授（古環境学）が実用化。年輪のセルロース（繊維素）に含まれる酸素原子の同位体（重さが微妙に違う原子）のうち、酸素16と酸素18の割合は、降水量によって年ごとに異なる性質がある。酸素16は酸素18より軽く、酸素16を含む水の方が葉から蒸散しやすい。このため降水量が少なかった年ほど酸素18が年輪に含まれる割合が多くなる。この比

率は環境的な要因だけで決まり、木の個体差に影響されないという。

　酸素同位体を年ごとに測定し、その変動パターンを示す「物差し」を作ってあてはめれば、その年輪が出来た年代、つまり伐採された年が一年単位でわかる。ヒノキや杉に樹種を限らず、広葉樹にも適用できる利点がある。光谷氏の年輪年代法の測定結果と完全に一致するといい、クロスチェックが可能となった。

　奈良文化財研究所には、年輪年代法を研究する後継者もいる。光谷氏は、もはや孤独ではない。

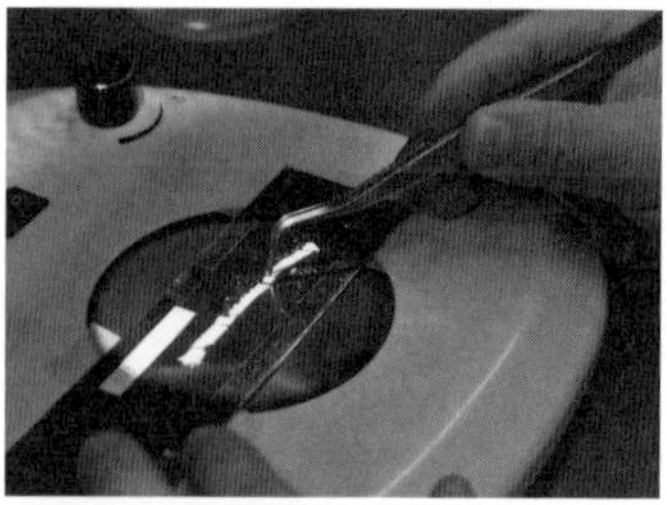
図20　同位体比の計測に用いるセルロースの資料

4　三角縁神獣鏡は卑弥呼の鏡か

神原神社古墳の景初三年銘鏡

青黒いさびの中に銀色の光を宿す一面の銅鏡。反射面の裏側は、縁の断面が三角にとがり、神仙や霊獣の文様が浮き彫りになっている。反時計回りに文字が巡るのが読み取れる。「景初《けいしょ》三年（二三九年）」に始まる四一字。「景初」は、中国・三国時代の魏の年号。蜀《しょく》の軍師・諸葛孔明《しょかつこうめい》が五丈原《ごじょうげん》に病没して五年後にあたる。

「三国志」の英傑が覇を競っていたころ、極東の島国では、一〇〇余国を巻き込んだ大乱が終わり、国家形成に向けた胎動が始まっていた。その中心にいたのは、邪馬台国に都する倭の女王、卑弥呼。この年、卑弥呼は魏に使者を送る。遠来の使者に喜んだ魏帝は、「親魏倭王《しんぎわおう》」の称号と金印紫綬《しじゅ》を授け、銅鏡百枚をはじめとする数多の宝物を贈った。破格の厚遇だった。

島根県加茂町の神原神社《かんばらじんじゃ》古墳（四世紀初め）から出土した「景初三年」の銘文を持つこの三角縁神《さんかくぶちしん》獣鏡《じゅうきょう》こそ、卑弥呼が魏から贈られた一面という。

三角縁神獣鏡は全国で約五六〇面出土しているが、景初三年銘があるのは、たった一面。邪馬台国の所在地を巡って激しい論争が続く畿内（大和）とも北部九州とも離れ、神話に彩られた古代出雲の小さな方墳に、絹布に包んで木箱に納め、大切に埋められていた。

発掘されるはずのない古墳だった。島根県加茂町（現・雲南市）の斐伊川支流。河畔にある神原神社古墳の上には『出雲国風土記』に載る古社が鎮座していた。

水害防止の河川改修のため神社が移転することになり、始まった調査。一九七二年八月一九日、その鏡は出土した。鮮やかさを保っていた青さびの中に、「景初三年」の文字が浮かんだ。

「なぜ、ここにこんなものが」。当時、島根大学生で発掘に携わった島根県教育委員会文化財課の西尾克己・副主幹は、実感がわかなかったという。それも無理もない。三世紀の日本について、唯一の手がかりは中国・西晋の陳寿《ちんじゅ》（二三三〜二九七年）の書いた『魏志倭人伝』。当時、発掘された三〜四世紀の遺跡もほとんどなかった。邪馬台国の所在地は、畿内説と北部九州説が鋭く対立していた。四紀代に造られると考えられていた古墳と邪馬台国がどう結びつくのか。邪馬台国は、遠かった。

〈倭国乱れ、相攻伐すること歴年、乃ち共に一女子を立てて王となす。名づけて卑弥呼という〉

『魏志倭人伝《ぎしわじんでん》』によると、卑弥呼は「倭国大乱」を経て、各地の首長に推されて王になった。卑弥呼は景初三年、中国・魏に朝貢する。様々な贈り物をした魏帝は、卑弥呼にこう伝えた。

〈悉《ことごと》く以《もっ》て汝《なんじ》が国中の人に示し、国家汝を哀れむを知らしむべし〉

記念すべき年号を持った特別な鏡は、国中に示された〈卑弥呼の鏡〉の一面として、一挙に注目されることになった。

古代の鏡

古代、鏡は単なる姿を映す化粧道具ではなかった。太陽を反射し、太陽そのものとして信仰された。それに現世利益を説く中国思想の道教（神仙思想）では、魔をよける呪いの道具とされていた。

三角鏡神獣鏡の反射面の裏側は、西王母や東王父といった道教の神々が鋳出され、「寿如金石」「位至三公」といった不老長寿や立身出世の文言が並ぶ。

直径は平均約二二センチ、重さ約一キロ。片手で持つには大きく重過ぎる。しかも、ひもを通す突起（鈕《ちゅう》）の穴は滑らかに仕上げられていないものが多く、本来の姿見としての役目は重視されていなかった。

〈鬼道《きどう》に事え、能《よ》く衆を惑わす〉と記された卑弥呼。三角縁神獣鏡が〈卑弥呼の鏡〉とするならば、「鬼道」とは道教であり、卑弥呼は、素朴な自然信仰のシャーマンではなく、道教の神に仕える巫女《みこ》だったと言える。

だが、〈卑弥呼の鏡〉と決めつけるには強い反論があった。

いわく、四世紀以降の古墳からしか出土せず、卑弥呼の時代とは半世紀以上の開きがある。「景初四年」という実際にはない年を持つ鏡も見つかった。そして、何よりも中国からは一面も見つかっていない。

それに追い討ちをかけるような、新たな発見が相次いだ。

奈良県立橿原考古学研究所などが一九九八年一月、天理市の黒塚古墳（三世紀末）から三三面の三角縁神獣鏡を発掘した。三角縁神獣鏡の大量埋納された状況がわかったのは初めてのこと。そのすべてが棺の外に立て並べられていた。魏帝から贈られた宝物として特別扱いされた様子はない。棺内の枕元に大事に置かれていたのは、画文帯《がもんたい》神獣鏡だった。

続いて発掘された同県桜井市のホケノ山古墳は、三世紀中ごろの邪馬台国時代に造られた前方後円墳だということが判明した。卑弥呼と同じ時代を生き、相前後して死んだ人物の墓に納められていたのは三角縁神獣鏡ではなく、画文帯神獣鏡だった。

こうした成果を受け、三角縁神獣鏡国産説を取る橿考研付属博物の河上邦彦館長は「三角縁神獣鏡は、卑弥呼が魏から贈られた鏡とは言えない。後の大和朝廷が、葬式用に作った魔よけの道具だった」と言い切る。五六〇面もの三角縁神獣鏡すべてが〈卑弥呼の鏡〉とするには、説明が難しくなってきた。

中国製説をとる樋口隆康所長は「三角縁神獣鏡だけが卑弥呼の鏡とは言えなくなってきた。画文帯神獣鏡なども候補に入れてよい」と指摘した。すべて中国製で卑弥呼の鏡とする説もあり、一気に百花繚乱《ひゃっかりょうらん》の様相を呈してきた。

鏡の科学分析

黒塚古墳で大量の鏡が出土したのをきっかけに、奈良県立橿原考古学研究所は古代の銅鏡の精密な三次元計測を始めた。一面あたり四〇〇万ものデータを計測して記録し、立体画像として形状の詳細な比較が可能になった。

二〇一五年一二月現在で三角縁神獣鏡二八九面のほか、画文帯神獣鏡三七面、方格規矩鏡《ほうかくきく》二〇面など中国製の鏡二一四面、内行花文鏡《ないこうかもん》七八面、鼉竜鏡《だりゅう》二三面など日本製の鏡五六三面、製作地不明一二面の計一〇七八面を計測した。

こうしたデータを基に成果を上げたのが、二〇一〇年、奈良県桜井市の桜井茶臼山古墳《ちゃうすやま》（三世紀末～四世紀初め）で出土した鏡の調査。鏡の破片三八四点から、中国・魏の年号「正始《せいし》元年（二四〇年）」のある三角縁神獣鏡を含む一三種八一面を特定。国内で最多の鏡が副葬されていることを突き止めた。

三角縁神獣鏡では、同じ文様の鏡が多いもので一〇面前後存在する。量産方法については、同じ鋳型を使い回す同笵《どうはん》技法と、同じ元型を使った同型技法の二説あり、議論になっていた。

計測結果を分析したところ、鋳型に由来する傷などから、ほとんどが同笵技法で作られていることが判明した。奈良県立橿原考古学研究所の水野敏典氏は、同型技法に比べて同笵技法は良質の鏡を量産するのに適さず、中国と日本の古代鏡では、ほとんど使われていないと指摘。一方、同笵技法は鋳型の数を最小限にとどめて多数の鏡を製作できる利点もあるとして、「省力化、時間短縮のために同笵技法が選択されたのではないか」と推定する。

さらに出土した三角縁神獣神鏡のうち、中国製とされるものと日本製とされるものに製作技法上の違いはなく、「すべて中国製か、すべて日本製か、いずれかの可能性が高い」と指摘。「中国製で一部は日本製」という従来主流だった説は成立しないと主張する。

製作地までは特定されていないが、材料の成分分析や、型式の変化などと合わせ、厳密で総合的な研究ができるようになってきた、製作地を決める証拠となる鋳型が発見されれば、どの鏡を鋳造したかまで特定できる可能性がある。

魔鏡現象

三角縁神獣鏡には知られざる機能があることが明らかになった。

京都国立博物館の村上隆・学芸部長（歴史材料科学）が、鏡面に光を反射させて投影すると、壁などに鏡の背面の文様が浮かぶ仕組みを発見した。単に太陽の光を反射するだけではなく、太陽を崇める祭祀で光を自在に操り、権威を高める役割があったとみられる。驚くべき研究成果だった。二〇一四年一月三〇日の読売新聞朝刊一面を飾ったが、残念ながらトップ記事ではなかった。トップは、あのＳＴＡＰ細胞の〝発見〟だった。

魔鏡は江戸時代中期以降、隠れキリシタンが所持し、十字架やマリア像を浮かびあがらせ、礼拝の対象にしたことで知られる。古代の鏡で確認されたのは初めてだ。

道鏡の鏡面を研磨すると、厚い部分ほど減るのに対し、薄い部分はあまり削れずに残るのが特徴。

魔鏡の場合、厚さ一ミリ程度まで研磨をするため、鏡面にも背面の文様を反映した微細な凹凸ができる。この凹凸による反射光が、背面の像を投影する仕組みだ。

三角縁神獣鏡も部分によって厚みが異なる。実験に使用したのは、愛知県犬山市の東之宮古墳（四世紀初め）で出土した二面の復元模造品で、銅と錫の粉末を原料にした三次元プリンターで製作した。最も厚い部分は二三・五ミリあったが、最も薄い部分は厚さ〇・八ミリだった。村上部長は「薄い部分は割れやすく、なぜこれほど厚みの差があるのか謎だった。当時の人々が像を投影するため、意図的に作ったことが初めて明らかになった」と語る。

その説明を聞いて、縁を三角形に厚くしたのも、削る際に鏡がゆがんだり、壊れたりするのを防ぐためだったのではないかとも考えた。

卑弥呼が頭上高く鏡を掲げ、キラキラと輝く鏡から投影した光が、白い幕に投影され、神仙や霊獣の姿を結び、周囲の人々がひれ伏す。そんな情景が頭に浮かんだ。

中国の三角縁神獣鏡

三角縁神獣鏡は中国では一面も出ていない。それが国産説の大きな論拠になってきた。だが、二〇一四年一二月、収集家で研究者の王趁平氏が、かつて魏の都があった洛陽（河南省）で、三角縁神獣鏡が発見されたとの論文を現地の専門誌に発表した。鏡の出土状況はわかっていない。三角縁神獣鏡に詳しい大阪府教育委員会文化財保護課の西川寿勝氏が現地を訪ね、鏡の写真撮影や計測をした。その結果、直径一八・三センチの「吾作銘三角縁四神四獣鏡」という種類で、鏡面は固く分厚い赤色のサビで覆われ、一部に絹織物が付着。二つに割れており、接着後、合成塗料を塗って補修した痕跡があった。

西川氏は「文様だけではなく、表面が波打つような研磨方法からも本物なのは間違いない。サビや補修の特徴などから、最近、洛陽付近で出土した可能性が高い。三角縁神獣鏡の製作地を考える新たな資料になる」と指摘する。

だが、本物だとしても出土地がわからないのは大きな問題だ。日本から持ち込まれ、補修されたという可能性も否定できない。この鏡が、三角縁神獣鏡が中国製であるという根拠になるとは現状では考えられない。類例が出るまで、判断を保留すべき資料だと思う。

考古学の難しさと面白さは裏表の関係にある。ある日突然、思いがけないような場所で、思いがけないような発見があるからだ。ちょうど、神原神社古墳で景初三年銘の三角縁神獣鏡が見つかったように。

中国の三角縁神獣鏡は、現状を劇的に変えることはなさそうだが、神原神社古墳の鏡は、三角縁神獣鏡の研究に大きな手がかりを与えた。島根県加茂町では一九九六年、加茂岩倉遺跡で三九個の銅鐸が見つかり、弥生時代の青銅器文化の常識を覆した。古代出雲の独自性は、神話の中だけではなく、現実だったことが証明された。その加茂岩倉遺跡から神原神社古墳は南約一・八キロ。銅鐸の祭祀が終わり、代わりに三角縁神獣鏡がもたらされたことがよくわかる。大切に埋められた一面の三角縁神獣鏡。古代出雲に大転換をもたらしたキーワードは、やはり「卑弥呼共立」、すなわち各地の勢力が卑弥呼を立てて〈国〉をつくったということなのだろう。

5　邪馬台国と歴史観

邪馬台国論争は金印で決着するか

邪馬台国の所在地論争を決着させるものは何か？　卑弥呼が魏から贈られた「親魏倭王」の金印や、魏に派遣された大夫難升米《なしめ》が贈られた「卒善中郎将《そつぜんちゅうろうしょう》」や都市午利《としのごり》の「率善校尉《そつぜんこうい》」の銀印が出土したら、決着するのか。さにあらず、専門家は「物は動くから、金印や銀印の出土だけでは決められない」のだという。おそらくそれは、近畿で出土した場合の〝保険〟なのだろう。「九州にあったが近畿に動いた」という東遷説が成り立つ余地があるからだ。一方、北部九州で出土すれば、そのまま北部九州で決着するはずだ。物が動くにしても、「大和から北部九州に動いた」というのでは説明がつかないからだ。

纒向遺跡や邪馬台国論争に造詣の深い石野博信・兵庫県立考古博物館名誉館長は「泥に印を押して封印をした魏の封泥《ふうでい》が出た場所だ」と主張するが、二〇〇〇年前の泥が土に埋もれたまま、元の泥にかえらずに見つかるとは考えにくい。その難しさは「親魏倭王」の封泥が、魏の都・洛陽でこれまで出土していないことでもわかるだろう。

福岡市・志賀島で出土した「漢委奴國王」金印についても、「漢の委《わ》（倭）の奴国王《なこく》」と読んで福岡市周辺にあった「奴国」のものとすべきか、「漢の委奴《いと》国王」と読んで福岡県糸島市にあった「伊都国」のものと考えるべきか議論がある。伊都国は、邪馬台国に都が遷るまでは倭国の中心地であり、倭を代表して金印を受け取るのにふさわしいというのだ。

ここにも、漢に送られた使者は、奴国単独だったのか、倭国を代表していたのか、それぞれの説に解釈する専門家が持っている歴史観が働く余地がある。

なお、最近、志賀島の金印が江戸時代に作られた偽物という説があるが、蛇をかたどった鈕《ちゅう》（つまみ）の形や漢の単位に則した大きさなど、江戸時代では知りようのない事実から、本物で間違いないと考える。

なぜ九州説が熱いか

邪馬台国の所在地論争は、大きく北部九州説と畿内（大和）説に分かれる。これまでの取材を通して感じるのは、なぜか北部九州説の方が熱く主張しているように感じられることだ。『魏志倭人伝』は北部九州までの行程は詳細だということと、二世紀まで北部九州が日本列島で最も大陸の文化を受け入れ、交流・交易も盛んだったからだろう。私も九州説の方が、古代のロマンにあふれている、ような気もする。

だが、『魏志倭人伝』の記述は不十分で、そこから邪馬台国の位置を割り出すことは不可能だ。また、前述の通り、三世紀の邪馬台国時代は古墳時代だと言える。古墳は三世紀、奈良盆地南東部で生まれ、巨大化し、全国各地に散らばる。すなわち邪馬台国は大和王権そのものだと言える。九州には三世紀前半にさかのぼる古墳はなく、「邪馬台国と大和王権はまったく別なもの」と主張するしかない。年輪年代法や放射性炭素測定法による三世紀前半という科学的な年代を疑う向きもあるが、科学的に否定する明確な根拠があるわけではない。

一般の方々は、支持するのが九州と近畿の「ご当地」で分かれるのは当然にしても、東京でも九州説の方が人気のようだ。それは佐賀県吉野ヶ里町と神埼市にまたがる吉野ヶ里遺跡の存在もあるのかもしれない。「倭国争乱」を思わせる環濠集落が確認され、邪馬台国ブームを牽引した。吉野ヶ里遺跡が弥生時代屈指の大集落跡であり、日本を代表する弥生遺跡であることに疑問を差し挟む余地はない。だが、繰り返すようだが、吉野ヶ里遺跡は弥生時代の遺跡だ。邪馬台国の時代である三世紀になると衰退する。少なくとも邪馬台国そのものではありえず、『魏志倭人伝』に出てくる国々にも相当しないかもしれない。

弥生時代、北部九州が大陸に開かれ、稲作や鉄器をはじめ先進的な文物をいち早く導入したことも間違いない。ただし、弥生時代がいつまで続くのか、邪馬台国の時代は弥生時代かということだ。繰り返すようだが、邪馬台国の時代は、古墳時代だ。

お叱りを受けそうだが、九州説対畿内説の論争について考えるとき、私はプロ野球の阪神対巨人のイメージが浮かぶ。チームの強弱ではなく、それぞれが好きなひいきチームを応援し、互いの健闘にエールを送る。いずれ優勝が決まるその日まで、それでよいではないか。ただ、関東や九州では知らず、関西では阪神ファンの方が、声が大きく、巨人と巨人ファンを罵ること、ただごとではない。巨人ファンは全国どこでもそんなことはない（と思う）。ちなみに私は巨人ファンだ。

中国と日本の交流

邪馬台国の所在地を考えるのに、中国との関係を抜きに論じることはできない。邪馬台国の同時代史料は三世紀後半の『魏志倭人伝』だけ。北部九州説に立てば、中国は大和にある日本列島最大の勢力を知らなかったか、知っていて無視したことになる。そんなことがあり得るだろうか。

近畿から出土する銘文の入った中国鏡、そして纒向遺跡から出土したベニバナやバジルの花粉は、近畿の勢力が中国と交流・交易があったことを強く示唆する。

纒向遺跡に先行する弥生時代の大集落跡、奈良県田原本町の唐古・鍵遺跡では、弥生時代中期～後期（紀元前一世紀～一世紀）の水から、内部が空洞になった褐鉄鉱《かってっこう》（鳴石）に、翡翠《ひすい》の勾玉《まがたま》二個を入れて土器で蓋《ふた》をし、容器にしたものが出土した。褐鉄鉱は粘土に鉄分が付着して硬くなり、乾燥すると中の粘土が縮んで空洞ができる。この粘土が「禹余粮《うよりょう》」と呼ばれる仙薬となり、正倉院宝物にもある。古代中国の仙薬の知識を唐古・鍵の住人も持っていたことをうかがわせる。

中国と大和の交流は、纒向遺跡の時代に突然始まったわけではなく、それ以前から続いていたと考えられる。そうした地域を、中国側がまったく知らなかったとは考えられない。

そして、あくまで邪馬台国は、「女王の都するところ」、すなわち倭国の首都の名前であり、大和に王権が存在するのを知りながら、中国側が北部九州に都があると認識するのだろうか。ここも、北部九州説に立つならば、卑弥呼の使者の答礼として正始元年（二四〇年）に魏の使者が倭国を訪れているのに、「中国は倭の情報をよく知らない」「大和は中国と交流していたかもしれないが、どんな国か知られていない」ということになる。いかにも不自然だ。

歴史認識というと、最近、近現代の中国や朝鮮半島と日本との関係を指すことが多いが、三世紀の中国と日本の関係、交流をどうとらえるか、その歴史認識の違いが、邪馬台国の所在地論争にも大きくかかわってくる。

コラム④ 古墳時代の始まり

新聞記者にとって時代区分をどう考えるかはとても難しい問題だ。研究者によってさまざまな説があるからだ。縄文時代と弥生時代は？ 飛鳥時代はいつ始まるのか？ 鎌倉時代は何年から？ 中でも難問は、古墳時代がいつ始まるかだ。

古墳時代とは何なのか？ すなわち古墳＝前方後円墳が造られた時代のことだ。それは大和王権の始まりを意味する。最初の前方後円墳が造られたときから、古墳時代が始まる。最初の巨大前方後円墳とは何か？ それは奈良県桜井市の箸墓《はしはか》古墳だ。

かつて古墳時代は四世紀、箸墓古墳が築造されたことをもって始まるとされてきた。箸墓の年代がカギを握っていた。だが、調査・研究が進むにつれ、箸墓古墳の年代は変遷していく。三世紀後半が二六〇～二八〇年、三世紀中ごろ、そして二五〇年前後と次第に古くなっていく。これはもう、邪馬台国を都にした倭の女王・卑弥呼の没年に近づけているとしか考えられない。無論、四世紀にとどまったままの説もある。

さらに年輪年代測定法などの成果で、箸墓古墳も含まれる纒向《まきむく》遺跡にある他の前方後円形をした古墳、纒向石塚古墳や勝山《かつやま》古墳が三世紀初め、ホケノ山古墳が三世紀中ごろに築造された可能性が高まった。弥生時代の墳丘墓になかった前方後円形にこそ意味がある。前方後円形をした大型の墳墓は古墳と呼んでよいのではないか。だとすると、三世紀前半に古墳時代が始まったのではないか。そう主張する専門家も出てきた。

邪馬台国は二世紀後半〜三世紀中ごろ、日本列島のどこかに存在していた。かつて、邪馬台国の時代は、弥生時代末と考えられていた。だが、こうなると、邪馬台国時代は今や完全に古墳時代に突入しているではないか。ホケノ山古墳や勝山古墳の成果を受け、新聞はこぞって、「邪馬台国時代は古墳時代」と書いた。

一方、大和王権の成立は箸墓の築造があってこそだとして、依然として箸墓古墳より前に造られた墓は、前方後円形であっても弥生時代の墳丘墓だ、と主張する研究者もいる。どちらが正しいのか、にわかには判断できない。

纏向遺跡が邪馬台国かどうかは別として、大和王権発祥の地という点では、邪馬台国大和説、北部九州説、いずれの研究者も異論はない。だが最近、桜井市纏向学研究センターの寺沢薫所長は「政治史的に纏向遺跡の成立こそ、古墳時代の始まりであってよい」と主張し、二世紀後半の始まりも視野に入れている。

纏向遺跡から出土する土器から類推すれば、大和王権と呼べる政治・宗教的連合体は、近畿を中心に西は瀬戸内、北部九州、東は東海、関東の一部の範囲であるに違いない。

これが倭国の範囲だとすると、邪馬台国はどこにあったのか？　倭国と邪馬台国の関係は？　再び頭の中の疑問符が膨らむ。その謎を解くカギを纏向遺跡が握っている。

第五章　古代史の常識を疑う

一九七二年の高松塚古墳壁画の発見以降、全国各地で文化財を巡る大きな発見が相次ぎ、新聞で大きく報じられた。弥生時代の大規模環濠集落跡で邪馬台国ブームの火付け役となった佐賀県吉野ヶ里町・神埼市の吉野ケ里遺跡、縄文時代の大規模集落跡で縄文文化に新たな光を当てた青森市の三内丸山遺跡、豪華な馬具など大量の副葬品が出土した奈良県斑鳩町の藤ノ木古墳……。そのすべてに論及することはできないが、私自身が現地を踏んで取材をした奈良県と大阪府に所在するいくつかの遺跡を巡る謎や疑問について考えたい。

1　元号の始まり——最初は大化？

新元号「令和」

二〇一九年五月一日、「平成」から「令和」に元号（年号）が変わった。元号に「令」の字が使われるのは初めて、「和」の字は「和同」以来、「昭和」に次いで二〇例目になる。『万葉集』に収められた歌人の大伴旅人《おおとものたびと》が、大宰府《だざいふ》（福岡県太宰府市）で詠んだ和歌の漢文で書かれた序文「梅花の歌三十二首并《あわ》せて序」にある〈初春の令月にして、気淑《よ》く風和《やわら》ぎ〉がもとになっているという。これまで元号はすべて漢籍を原典としており、日本の古典がもとになるのは初めてだ。

中国の詩文集『文選《もんぜん》』（五三〇年ごろ成立）に収録された後漢の文人・張衡《ちょうこう》による詩「帰田賦《きでんふ》」に「仲春令月、時和気清」という句があり、その孫引きだという指摘もある。だが、『文選』は日本の古典に多く引用されており、そうであったとしてもすでに日本のものとして定着したものだろうから、万葉集が原典ということでよいだろう。

当初、「命令の『令』だからよくない」という声も聞こえてきた。確かにそうした意味もあるが、白川静『常用字解』（二〇〇三年、平凡社）によれば、次の通り、意味の一部にすぎない。

〈象形。深い儀礼用の帽子を被り、跪《ひざまず》いて神託（神のお告げ）を聞く人の形。神の神託として与えられるものを令といい、「神のおつげ、おつげ」の意味となり、天子などの「みことのり、いいつけ、いいつける」の意味となる、甲骨文字・金文では令を命の意味に用いており、令が命のもとの字である。令は神のお告げを受け、神意に従うことから、「よい、りっぱ」の意味となり、また使役の「しむ」の意味にも用いて、命と分けて使うようになった〉

用例をみれば明らかだ。貴人の娘を敬って言う「令嬢」、息子の「令息」、妻の「令室」、よい評判の「令名」と「令聞」……。元号にふさわしい、麗しき字だ。

新元号の考案者を政府は明らかにしていないが、万葉集研究者として知られる中西進　国際日本文化研究センター名誉教授（比較文学）であることは間違いないとされる。本人は決して認めず、「元号は『中西進』という世俗の人間が決められるものではない」と煙に巻くが、神意に従うという「令」の字源をもとに、しゃれているのだと思う。

中西氏とは、取材などを通して十数年前から親しくさせていただいている。二〇一九年四月一日の元号発表時には、すでに考案者として名前があがっていた。新元号発表の直後、元号考案の裏話を聞こうと、中西氏に電話をかけると、「騒ぎになったのでしばらく雲隠れしていたんだけど、何日たっても報道陣が自宅を囲んでいてね。交番の警官に先導してもらって、ようやく帰宅できたんだよ。いやあ、まいったよ」と切り出され、結局、何も聞けずじまいだった。

日本初の元号

元号が使われだしたのは古代中国。前漢の武帝が「建元」（紀元前一四〇〜前一三五年）という元号を定めた。元号は、皇帝が時間をも統治するという思想に基づく。その後、中国の影響下にある東アジア、中央アジア、東南アジアで用いられた。中国の冊封《さくほう》を受けた朝鮮、南詔《なんしょう》（現・中国雲南地方から東南アジアにあった国）、琉球（沖縄県）などでは、そのまま中国の元号が使われた。独自の元号を用いたのは、日本、高昌（現・中国新疆《しんきょう》ウイグル自治区のトルファンにあった国）、渤海《ぼっかい》（現・朝鮮半島北部からロシアの沿海州にあった国）などで、元号は、中国から独立した独自の国家であることの証明だったのだ。

少なくとも三世紀には、日本で元号の存在は知られていた。古墳の副葬品の道鏡に中国・三国時代の魏の元号「景初（二三七～二三九年）」や「正始（二四〇～二四九年）」、呉の「赤烏（二三八～二五一年）」などの元号が表されているからだ。さらに奈良県天理市の東大寺山古墳（四世紀後半）からは「中平（一八四～一八九年）」という後漢の元号の刻まれた鉄剣が出土し、朝鮮半島・百済から倭（日本）に献上された天理市の石上神宮の神宝・七支刀には中国・東晋の「泰和四年（三六九年）」という元号が刻まれている。

『日本書紀』などによれば、日本で最初の元号は孝徳天皇が定めた「大化」（六四五～六五〇年）。次いで「白雉《はくち》」（六五〇～六五四年?）、「朱鳥《しゅちょう》」（六八六～?年）と断続的に定められ、「大宝」（七〇一～七〇四年）を迎える。以降、途切れることなく、日本の元号は続いてきた。

だが、大化、白雉、朱鳥という元号は本当に使われたのだろうか。

これらの元号は同時代資料が確認されておらず、この時期、「丙午《ひのえうま》」「乙巳《きのとみ》」「壬申《みずのえさる》」など十干《じっかん》と十二支を組み合わせた干支《かんし》で表記されていたと考えられるからだ。日本語の読み一音を漢字一字で示す万葉仮名を記した最古級の例である埼玉稲荷山《さきたまいなりやま》鉄剣の銘文が「辛亥年《かのとい》（四七一年）」と記されているように、長らく日本の元号は干支で表されてきた。

現在最古の木簡は大阪市中央区の難波宮《なにわのみや》跡で出土した七世紀中ごろ、孝徳天皇の難波長柄豊碕宮《なにわながらとよさきのみや》で使われたものとされる。大化の改新後であり、元号を定めたのが真実なら、「大化」と書かれた木簡があってよいものだが、「戊申年《つちのえさる》（六四八年）」という干支を記したものはあるが、元号は今のところ見つかっていない。たとえ「大化」や「朱鳥」といった元号が使用されていたとしても、宮廷内、しかもごく限られた範囲だけだっただろう。

これに対し、大宝は広く使われていた明確な同時代資料が存在する。それは木簡である。木簡とは、発掘調査で遺跡から出土する文字が書かれた小さな木の札のことだ。

「大寶二年」。二〇〇一年六月、奈良県橿原市の奈良文化財研究所の一室で、保存のため水漬けにされている木簡に墨で書かれた元号が鮮明に見えた。「寶」は「宝」の旧字体、大宝二年、すなわち七〇二年を示す。「大宝律令の大宝か」。思わず息を止めて凝視していた。

八世紀に書かれた文字が一三〇〇年の時を超え、二一世紀に生きる自分にも読めることに感動をおぼえた。それと同時に、どんな人物が、どんな筆を使い、何のために書いたのだろうといった素朴な疑問がつぎつぎに湧いてきた。

奈良文化財研究所が、奈良県橿原市の藤原京跡（藤原京左京七条一坊西南坪）を発掘調査したところ、木簡一二〇〇点（後の調査・整理で約一万三〇〇〇点となった）が出土した。木簡の中には、大宝律令が制定された「大宝元年」、施行された「大宝二年」という年号が書かれているものがあった。私が目にしたのも、そのうちの一点だった。

藤原不比等の妻で光明皇后の母、・県犬養《あがたのいぬかい》三千代《みちよ》を指す「□養宿祢道代（□は判読不能）」、天智天皇の娘で長屋王の母「御名部内親王《みなべのないしんのう》」といった史書に登場する貴人の名前が書かれたものや、群馬県から来た炊事係三人が五月に逃亡したことを記したとみられる「上毛五月逃干三」と書かれた木簡があった。多種多様な内容で、華やかな宮廷の生活から、苦役を強いられた庶民の姿まで、藤原京の光景がありありと浮かんできた。

当初、木簡が出土した場所は、物資を管理する役所が、宮廷の様々な業務を担った役所「中務省《なかつかさ》」に通行許可を求めたものがあったことから、藤原宮の外に置かれた中務省の関連施設と考えられ、木簡群も「中務省木簡」と呼ばれていた。だが、全体の整理が進むにつれ、宮城門の警備に関わる木簡が大半を占め、中務省の業務に関わるものはなかったことから、今では宮殿の警備を担当した役所「衛門府《えもんふ》」に伴う木簡であり、この地に衛門府があったことが明らかになった。

それまで藤原京では、どんな役所がどこにあり、どんな機能があったか、文献から詳らかにすることはできなかったが、「大宝元年」「大宝二年」という元号を含むこれらの木簡によって、その実態に迫ることができるようになった。

木簡とは

そもそも木簡は一九六一年、奈良市の平城宮跡でまとまって出土し、その存在が広く知られるようになった。それ以降、全国各地で四〇万点近くが出土している。多くが飛鳥宮跡（奈良県明日香村）、藤原宮跡・藤原京跡（橿原市）、平城宮跡・平城京跡（奈良市）など奈良県内にあった飛鳥・奈良時代の都に集中している。

私が読売新聞橿原《かしはら》通信部（現・橿原支局）の記者として、「飛鳥・藤原」地域を取材していた一九九八〜二〇〇二年、藤原京左京七条一坊西南坪以外にも、七世紀後半の天武・持統朝の総合工房跡である飛鳥池遺跡（明日香村）、斉明天皇が造営した苑池《えんち》（庭園）を天武天皇が大改修したとみられる飛鳥京跡苑池（明日香村）などで大量の木簡が出土した。一九八八年に発見された奈良市の長屋王家・二条大路木簡計約一一万点の調査・研究が進んで成果がつぎつぎに発表され、木簡の認知度が増していった時期と言える。

飛鳥池遺跡では、「天皇」と書かれた最古の木簡が出土した。「天皇」という称号がいつできたのかさまざまな議論があったが、これで少なくとも天武朝には存在したことが確実になった。ただ、ルビがふってあるわけではないので、当時の読み方がわからないのが残念だ。「てんのう」ではなく、「すめらみこと」だったのではないか。「それとも「おおきみ（おほきみ）」だっただろうか。

一方、飛鳥池木簡には漢字の読み方がわかる珍しい音義木簡も出土した。「熊」を「汙吾《うぐ》」、「蜚」を「皮伊《はい》」など漢字の読み方を万葉仮名で注記している。

飛鳥京跡苑池では、「嶋官《しまのつかさ》」と書かれた木簡が見つかった。「嶋」とは苑池（庭園）、「官」は役所（役人）のことだ。大宝律令や養老律令では、「園池司」と呼ばれる庭園を管理する役所が定められている。だが、「嶋官」という役所はない。嶋官は、内容がほとんど知られていない天武朝の飛鳥浄御原令で定められた役所と推測されている。

さらに、ワサビや薬草の名前を書いた木簡も見つかっており、当時の苑池が単なる観賞用の庭園ではなく、薬草園などを備えた複合施設だったことも明らかになった。『日本書紀』に五九九年、百済からラクダやロバなどの珍しい動物が献上されたと記される。そんな動物を飼った動物園もあったのではないか。苑池の調査現場に通うたび、担当者に「ラクダの骨、見つかってない？」と聞いたものだ。

その後、大阪市中央区の難波宮跡で出土した、万葉仮名で書かれた七世紀中ごろの和歌木簡や、阿波国府に関連するとみられる徳島市の観音寺遺跡で出土した『論語』が書かれた木簡を取材する機会があり、木簡の年代的・地域的な広がりについても考えることができるようになった。

元号の始まりを木簡が明らかに

こうした取材を通して、元号だけではなく、古代国家の実像について、新たな情報・資料を得られるのが木簡だということを痛感した。

木簡の大半は一二〇〇年以上、人知れず土の中に埋もれており、発掘調査現場の調査担当者が最初に目にするのだが、現場に足繁く通っているうち、木簡を掘り出した瞬間を目にする幸運に恵まれたことがある。泥がついていても鮮やかな墨痕が読み取れ、古代人の息吹を感じることができた。文化財取材の醍醐味《だいごみ》の一つと言える。

私たちが目にする木簡を書いた人物は、史書に名を残さなかった位の低い役人が大半だった。紙が貴重だったため、せっせと木簡に筆で文字を書き、表面を消しゴム代わりに刀子で削っては、また新たに文字を書いた。役人のことを「刀筆の吏《り》」と呼ぶ語源であり、大量の木簡は現代の文書《もんじょ》行政の始まりと言える。

公式文書だけに、崩した字ではなく、一文字ずつ几帳面に筆を運んでいるものが少なくない。専門家ではない私でも読めた所以だ。そんななかにも、文字の上手、下手が見てとれる。上手なのは渡来系氏族で、父祖の代から漢字に親しんでいた人物のものだろうか。同じ字を何度も書いて練習したものもある。悪筆の私より下手な字だ。こちらは地方から出世を夢見て都に上った人物の手によるものだろうか。一つ一つの木簡を見ながら、そんな空想をするのも楽しい。

令和の時代になっても、「飛鳥・藤原」地域をはじめ、各地の発掘調査で多くの木簡が見つかるだろう。これまで最古の木簡とされた七世紀中頃の難波宮跡などのものより、古い木簡が見つかるかもしれない。今後、七世前半や六世紀、ひょっとしたら五世紀の木簡が見つかるかもしれない。そこにはどんな文字が書かれているのだろうか。

新発見の木簡の中には、私たちが知らなかった歴史の扉を開いてくれるものが必ず含まれているはずだ。令和の時代に、「大化」や「白雉」「朱鳥」という元号を書いた木簡が見つかるかもしれない。

2　古代史最大の悪役——蘇我氏の真実は？

国内最大の方墳

三〇～四〇センチ大の貼《は》り石が、長さ四八メートルにわたって一直線に伸びていた。「飛鳥でまた変なものが見つかったみたいだよ」という話を聞きつけて、奈良県立橿原考古学研究所が二〇〇四年一二月、明日香村の県立明日香養護学校の教室棟改築に伴い、発掘調査している現場に足を運んだ。「これはすごい」。大規模な石造りの構造物に圧倒された。これまで遺跡の存在は知られておらず、上部が壊されていて遺跡の性格は判断できなかった。貼り石は飛鳥時代の宮殿の基礎にも後期古墳の基底部にも見え、「小山田《こやまだ》遺跡」と命名された。

「飛鳥は何が出るかわからないから怖い」。専門家からそんな台詞《せりふ》を耳にすることがある。「飛鳥」とは奈良県明日香村の小盆地（東西一～一・五キロ、南北四キロ）の中心部だが、周辺地域を含めて呼ぶことがある。推古天皇が五九二年、豊浦宮《とゆら》で即位してから藤原宮（奈良県橿原市）の時代（六九四～七一〇年）を経て、七一〇年の平城遷都まで百年余り、日本の首都だった。当時先進国だった中国や朝鮮半島の国々から、様々な制度や文化を吸収し、国家の基礎が整えられた。初めて作られたものは法律（飛鳥浄御原令《きよみはらりょう》）、冠位、貨幣（富本銭《ふほんせん》）、寺院（飛鳥寺）、日本という国号、天皇の称号と数多ある。

この狭い地域に、現代で言えば、霞が関や皇居などが、ぎゅうぎゅう詰めで存在したことになる。

それゆえ、考古学や古代史の研究者でも想定できなかった遺構や遺物が出土する。確かに、研究者にとっては怖いことなのだろう。私たちにとっては驚きと喜びであっても。小山田遺跡も、そんな「怖い」ことの一つと言えた。

宮殿とすれば、どの天皇のものか記録がなくわからない。古墳とすれば墳丘や石室がない。どう判断すればよいか、橿考研の担当者らも困り果てた。菅谷文則所長と、今尾文昭・調査課長は二〇一五年一月、小山田遺跡について「七世紀中ごろの古墳とみられ、舒明《じょめい》天皇（在位六二九～六四一年）が最初に葬られた墓の可能性が高い」と記者発表した。

『日本書紀』によれば、舒明天皇は百済宮《くだらのみや》（所在地不明、奈良県桜井市か）で没し、六四二年一二月、〈滑谷岡《なめはざまのおか》に葬りまつる〉と記される。そして翌年九月には、〈押坂陵《おしさか》に葬りまつる〉とあり、「滑谷岡」から宮内庁が舒明天皇陵に指定する「押坂陵」、すなわち段ノ塚《だんのづか》古墳（桜井市）に改葬されたと考えられてきた。では、「滑谷岡」とは、どこなのか。明日香村内にあると説かれてきたが、根拠があるわけではなく、どこにあるかはわからなかった。橿考研は「この地こそ滑谷岡ではないか」と主

図21　国内最大の方墳とわかった小山田古墳
（2014年12月、奈良県明日香村で）

張したのだ。

実は、記者発表の直前まで、私を含めた地元の記者は『日本書紀』の「滑谷岡」が登場する直後の記述に注目していた。〈預め双墓《ならびのはか》を今来《いまき》に造る。一つをば大陵《おおみささぎ》と曰《い》ふ。大臣の墓とす。一つをば小陵《こみささぎ》と曰ふ。入鹿臣《いるかのおみ》の墓とす〉。飛鳥時代の大豪族、蘇我蝦夷《えみし》・入鹿父子の二つ並んだ墓のうち、蝦夷が葬られた大陵だと考えたのだ。谷を挟んで西側に菖蒲池《しょうぶいけ》古墳（橿原市）がある。漆塗りの石棺二つが納められた特異な石室のある方墳だ。こちらが小陵ではないか。小山田遺跡は上部が徹底的に壊されており、地元に何の伝承も残っていない。これも六四五年の乙巳《いっし》の変（大化改新）で滅ぼされた蘇我蝦夷の墓にふさわしい。少なからぬ専門家が、この見方を支持した。よし、大陵でいけそうだ。そう考えて記事の準備を進めていたが、結局、大きく方針変更するはめになった。

その後の調査で、羨道《せんどう》（石室への通路）の痕跡や石室に付属する排水溝などが見つかり、古墳であることが確定、「小山田古墳」と呼ばれることになった。二〇一九年一月には、東西規模が少なくとも七九・五メートルあり、それまで国内最大の方墳だった千葉県栄町の龍角寺岩屋古墳（七世紀前半〜中ごろ）の一辺七八メートルを上回ることが判明した。

被葬者について、専門家の意見は、舒明天皇と蘇我蝦夷の真っ二つに分かれている。ここで問題なのは、国内最大の方墳に葬られていたのが天皇なのか、蘇我氏なのかということだ。蝦夷ならば、蘇我氏は天皇と同等か、それを上回る権力を持っていたことになる。蘇我氏とは、いったいどんな氏族だったのだろうか。

蘇我四代

蘇我氏が歴史の舞台に登場するのは、『日本書紀』の五三六年、〈蘇我稲目宿禰《すくね》を以て大臣とす〉という記述だ。蘇我氏は伝説上の人物、武内（建内）宿禰を始祖とし、『尊卑文脈』（一四世紀に成立した諸氏の系図の集大成）によれば、稲目の前に、満智《まち》、韓子《からこ》、高麗《こま》の三代が見える。名前などから百済からの渡来人との説もあるが根拠に薄い。『日本書紀』の履中天皇の時代、〈磐余《いわれ》に都つくる。是の時に当りて、平群木菟《へぐりのつく》宿禰・蘇賀満智宿禰・物部伊莒弗大連《いこふのおおむらじ》・円大使主《つぶらのおおおみ》、共に国事を執れり〉と記す。蘇我満智の名があるが、後の伏線で、史実ではないと考えられている。

実際には、橿原市の宗我坐宗我都比古《そがにますそがつひこ》神社一帯を本拠地として次第に曽我川流域に勢力を広げ、少なくとも稲目の時代には飛鳥まで支配するようになったと考えられる。そうしたなかで東漢《やまとのあや》氏ら渡来系氏族を配下に従え、最先端の知識や経済力をつけて徐々に勢力を伸ばし、さらに娘を天皇の妻にして生まれた子を天皇にする外戚となり、一気に台頭、繁栄したということなのだろう。

ただし、蘇我氏は奈良盆地西部を支配した葛城《かつらぎ》氏の末裔《まつえい》を称している。葛城氏のうち、葛城襲津彦《そつひこ》は四世紀末に朝鮮半島に派遣された将軍で、『日本書紀』が引用した朝鮮側の記録『百済記』にも三八二年、「沙至比跪《さちひこ》」の名が見え、「日本史上、実在が確かで名前がわかる最古の人物」という見方もある。葛城氏は五世紀に天皇の外戚《がいせき》として権勢をふるったが、雄略朝以降に衰退した。蘇我氏と重なる部分があり、無関係とは考えにくいが、どこか『日本書紀』の編纂《へんさん》者の作為のようなものも感じる。蘇我氏と葛城氏にどんな結びつきがあったかは、現在のところ、手がかりが少なすぎて判断がつかない。

新興勢力である蘇我氏は同じ大豪族でも、神代《かみよ》の代からの伝承を持つ伝統的な勢力である物部氏《もののべ》や大伴《おおとも》氏らとは異なる。そんな立場だけに、新しい宗教である仏教を受け入れるのにも柔軟だった。おのずと蘇我氏と物部氏は、存在意義をかけた闘いとなった。蘇我馬子は五八七年、最大の政敵・物部守屋を渋川《しぶかわ》（現・大阪府八尾市）の戦いで葬り、政権を盤石のものにした。だが、乙巳の変で蘇我蝦夷・入鹿父子が滅ぼされ、蘇我本宗家（本家）は稲目、馬子、蝦夷、入鹿のわずか四代で絶える。さすがに馬子も孫の代で蘇我本宗家がなくなるとは思わなかっただろう。

ところで、蘇我本宗家の滅亡を「蘇我氏の滅亡」と混同している記述も散見される。乙巳の変で滅んだのは本家。蘇我氏には、境部臣、田中臣、小治田《おはりだ》臣、桜井臣と姓の異なる同族が多数いた。これら同族が乙巳の変後どうなったかはほとんどわからないが、すべて滅んだとは考えられない。隣の「田中さん」が実は蘇我氏の末裔かもしれない。

さらに乙巳の変で、蝦夷の甥《おい》・蘇我倉山田石川麻呂は中大兄皇子《なかのおおえのみこ》（後の天智天皇）側について孝徳朝の右大臣となり、石川麻呂の兄弟の日向《ひむか》、連子《むらじこ》、果安《はたやす》、赤兄《あかえ》も、赤兄が天智朝の左大臣に就くなど政治の中枢にあった。

連子の子孫は石川氏と名を変える。奈良時代、出雲国司などを歴任した石川年足《としたり》がいる。石川年足の墓誌は江戸時代の文政三年（一八二〇年）、摂津国島上郡（現・大阪府高槻市）で発見された。年足は清廉で優秀な役人として、御史大夫正三位兼文部卿神祇伯《ぎょしたいふせいさんみけんもんぶきょうじんぎはく》の高位に就き、天平宝字六年（七六二年）、平城京で没した。

だが、その後、石川氏もまた、歴史のなかに埋もれていく。

上の宮門・谷の宮門

飛鳥の展望台として知られる甘樫丘《あまかしのおか》（標高一四五・六メートル）の東斜面に広がる甘樫丘東麓遺跡。一九九四年、登山道整備に伴う奈良国立文化財研究所（奈文研）の発掘調査で、谷の出口に当たる斜面に七世紀中ごろの焼土層があり、炭化した建築部材や焼けた壁土、大量の土師器《はじき》や須恵器《すえき》が出土した。その後の調査でも焼土層などが見つかり、調査地北側の尾根上に建物があり、火災に遭った後、崩れ落ちたものと考えられた。

『日本書紀』には六四四年、〈蘇我大臣蝦夷・児入鹿臣、家を甘檮岡《あまかしのおか》に双べ起つ。大臣の家を呼びて、上《うえ》の宮門《みかど》と曰ふ。入鹿が家をば、谷《はざま》の宮門と曰ふ。男女を呼びて王子《みこ》と曰ふ。家の外に城柵《きかき》を作り、門《かど》の傍《ほとり》に兵庫《つわものぐら》を作る。門毎《ごと》に、水盛る舟一つ、木鉤《きかぎ》数十を置きて、火の災に備ふ。恒に力人をして兵を持ちて家を守らしむ〉とある。また、翌年に起きた乙巳の変で、入鹿が暗殺された後、〈蘇我臣蝦夷等、誅《ころ》されむとして、悉《ふつく》に天皇記《すめらみことのみふみ》・国記《くにつふみ》・珍宝《たからもの》を焼く〉とある。

奈文研はこうした記述と関連付け、焼土層は乙巳の変で焼けた蘇我父子、特に「谷の宮門」と呼ばれた蘇我入鹿の邸宅跡に関連する可能性が高いと推測した。

邸宅を「宮門」、子弟を「王子」と呼ばせ、史書を手にしていたのが事実すれば、天皇と同等か、天皇そのものだと宣言するに等しい。実際、「この時期、蘇我氏が天皇であり、大化改新は蘇我天皇を倒すクーデターだった」とする説もある。私は甘樫丘東麓遺跡で、「天皇記や国記の編纂《へんさん》につながる木簡や、『天皇』と記した木簡が見つかるかもしれない」と期待した。

だが、その後の調査でも、木簡どころか蘇我氏の邸宅跡らしき大規模な建物跡も見つからない。どうやら「谷の宮門」の中枢部は、調査地より北側の「エビス谷」という地名が残る場所にありそうだ。

和田萃《あつむ》・京都教育大名誉教授（古代史）はかつて甘樫丘一帯を広く踏査し、「丘陵のあちこちに人工的に造成したような平地が確認できた。丘陵全体を、蘇我氏が都の防衛のため、山城のように要塞《ようさい》化していたのではないか」と推測した。今後の調査で『日本書紀』の記述を裏付ける大規模な遺構や遺物が見つかるに違いない。

これに対し、推古天皇が即位した豊浦宮（五九二～六〇三年）は飛鳥盆地北西部の現在、向原寺《こうげんじ》が立つ地にあり、蘇我稲目が仏像を最初にまつった邸宅「向原《むくはら》の家」を整備したとされる。豊浦宮の一部の遺構は、向原寺の境内で公開されているが、向原の家の実態はまだわかっていない。

また、嶋大臣《しまのおとど》と呼ばれた蘇我馬子の邸宅跡は、飛鳥盆地南側の石舞台古墳近くの島庄遺跡にあったらしい。邸宅跡は、七世紀後半には嶋宮という離宮に転用された。二〇〇四年三月、明日香村教育委員会の調査で、離宮跡とみられる東西南北が整然とそろった建物跡の下層に、方位の違う七世紀前半の大規模な建物の一部三棟分が見つかった。最大の建物は幅一七メートル以上、奥行き七・二メートル、柱は直径三〇～四〇センチで、平均的な宮殿や離宮より一回り大きかった。この建物群とみて、ほぼ間違いないだろう。

図22　焼けた土の跡などが見つかった
甘樫丘東麓遺跡
(2012年、奈良県明日香村で)

こうしてみれば、飛鳥盆地全体が蘇我氏の支配下にあり、そこに天皇の宮殿が設けられたことがわかる。「家主」と「店子」の関係と言えようか。

蝦夷・入鹿父子が自らの邸宅を「宮門」と称したのが真実なら、それなりの根拠があったと考えざるをえない。天皇の歴史を記す『日本書紀』が述べる通り、単に「おごりたかぶっていたから」という説明では、蘇我氏を「逆賊」として断罪する戦前の皇国史観と変わらない。蘇我氏が一時期、天皇に比肩するか、それ以上の権勢を持っていたことを示していると考えてよいのだろう。

蘇我氏の墓

昔ながらの棚田を望む斜面に、古墳の墳丘が、階段状の石垣が確認できた。まるでピラミッドのようだ。「これは、久々にいい現場だな」。訪れた研究者が隣でつぶやく声を聞いた。

明日香村の都塚古墳《みやこづか》（六世紀後半～七世紀初め）は一九六七年、関西大学が発掘調査を実施し、半世紀後の二〇一五年、明日香村教育委員会と関西大学が再び調査した。その結果、墳丘は一辺約四〇メートル、高さ少なくとも六メートルの方形で、段状の構造をしていることが判明した。調査を担当した村教委の西光慎治さんは、墳丘築造工事の作業量について、石室の石材の採石も含め、延べ約三万人が従事したと推定。膨大な労力にふさわしい被葬者を推定する。候補として真っ先に挙げられるのが、蘇我稲目だった。

江戸時代の国学者・本居宣長は『菅笠日記《すげがさ》』（一七七二年）に、都塚古墳は〈坂田村と申すには。用明天皇ををさめ奉りし所。みやこ塚といひて。これもつかのうえに。大きなる岩の角。少しあらはれて見え侍る也〉と、用明天皇陵という伝承があったことを記す。江戸時代の国学者も、都塚古墳が天皇陵級だということに不審を抱かなかったことになる。

ほかに稲目の墓の候補地は、橿原市の五条野丸山古墳（かつて見瀬丸山古墳と呼ばれていたが、橿原市教育委員会が呼称を変更した）だ。全長三一八メートルの奈良県内最大の前方後円墳で、全国でも六位の大きさを誇る。当然、陵墓級だが、宮内庁は後円部だけを陵墓参考地に指定している。

横穴式石室は全長二八・四メートルで全国最大の規模になる。石室内には二つの石棺がL字形に置かれており、追葬があったことがわかっている。

江戸時代には天武・持統天皇の合葬陵とされたこともあったが、近年、専門家の見解は、欽明天皇陵か蘇我稲目の墓かで分かれている。近くにある明日香村の平田梅山古墳を宮内庁が欽明陵に指定しており、五条野丸山古墳から平田梅山古墳に改葬されたとの説もあり、被葬者論争は一筋縄ではいかない。

繰り返しになるようだが、稲目の代には蘇我氏は天皇に比肩する権勢を誇り、同等の墓を築いていたと考える専門家が多い。

また、稲目の子、馬子の墓は、むき出しになった巨石の石室で有名な石舞台古墳ということで、ほとんど異論を聞かない。蘇我蝦夷、入鹿父子は「今来の双墓」に葬られ、二つの古墳が並んでいるはずだ。候補として小山田古墳、菖蒲池古墳が挙げられているのは前述したとおり。奈良県御所市の水泥古墳と隣接する水泥塚穴古墳なども候補に挙げられている、

このほかに、明日香村のカヅマヤマ古墳（七世紀後半）は「真弓崗《まゆみのおか》」と呼ばれる一画にあり、二〇〇五年、明日香村教委が調査し、吉野川（紀の川）流域の緑色で薄く割れる結晶片岩（緑泥片岩）を積み、漆喰を固めた石室を確認。蘇我氏一族の墓と考えられている。明日香村内に蘇我氏の墓域は広がっている。

課題となるのが、橿原市の新沢千塚古墳群だ。蘇我氏の奥津城との説もあるが、異論も多い。ササン朝ペルシャないしローマからもたらされたとみられるガラス器二点など国際色豊かな副葬品が出土した新沢千塚一二六号墳をはじめ、約二キロ四方に、直径十数メートルの円墳を主に約六〇〇基の古墳が集中する日本有数の群集墳。現地に立てば、雑木林の広がる丘に、土饅頭のような盛り上がりが無数にみられ、その異様な風景に一瞬ぎょっとするほどだ。

四～七世紀に造営され、最も盛んに造られたのは五世紀半ば～六世紀末。蘇我氏が渡来系氏族を配下に台頭する時期と重なる。蘇我氏以外に渡来系氏族の東漢氏などが被葬者の候補に挙がる。悩ましいところだが、私は立地や副葬品などから、蘇我本宗家以外の蘇我氏の一族と東漢氏ら渡来系氏族のいずれもが葬られているのではないかと考えている。

大化改新の真実

『日本書紀』に書かれた乙巳の変の描写はドラマチックだ。大化元年（六四五年）六月一二日、朝鮮半島からの使節が来たと偽って、蘇我入鹿は飛鳥板蓋宮《いたぶきのみや》に呼び出される。皇極天皇の前で上表文を読む役の蘇我倉山田石川麻呂は、刺客の佐伯連子麻呂らがなかなか現れないため大汗をかき、声が乱れて手がふるえ、入鹿に不審がられる。そのころ、刺客は恐怖のあまり足がすくみ、吐いていた。そこで中大兄皇子は自ら剣をとって飛びだし、掛け声とともに入鹿に切りつける。〈中大兄、子麻呂らが入鹿が威《いきおい》に畏《おそ》りて、便旋《めぐら》ひて進まざるを見て曰《のたまわ》はく、「咄嗟《やあ》」とのたまふ。即《すなわ》ち子麻呂等と共に、出其不意《ゆきりもなく》く、剣を以て入鹿が頭肩を傷《やぶ》り割《そこな》ふ〉。瀕死《ひんし》の入鹿は〈臣罪《やっこ》を知らず。乞ふ、垂審察《あきらめたま》へ〉と皇極天皇に助命を嘆願する。天皇は驚いたものの、中大兄が「蘇我氏は天皇にとってかわろうとしています」と述べると、無言で退出し、入鹿は滅多切りに殺されてしまう。

一連の場面が目に浮かぶ迫真の描写だ。中大兄の勇敢さをたたえるべく、実際に演じられた劇の台本のようにも読める。悪役は、それらしい最期を迎えねばならなかったのだ。

蘇我氏の古代史上の役割について考えるとき、最も重要なのは、この乙巳の変に続く大化改新が実際にあったかどうかだ。古代史は大化改新前後で大きくわけられるという見方が一般的だ。大化改新で、天皇を中心とする中央集権的な律令国家への道が開け、諸制度が設けられ、国家の体裁が整っていく。

『日本書紀』をそのまま信じれば、大化改新とは乙巳の変で蘇我本宗家を滅ぼして皇位に就いた孝徳天皇が翌六四六年、難波長柄豊碕宮《なにわながらとよさきのみや》で発した「改新の詔《みことのり》」に基づく一連の政治改革。土地や人民の私的所有を禁じる公地公民制、首都を定め国や郡といった行政単位を設け、戸籍や税制を整備した。これらの改革は、飛鳥時代、「評《こおり》」と呼ばれていた行政単位を「郡」と記していたことなどにより、奈良時代に書かれたものとして内容が疑われている。

だが、改革の一つである「大化の薄葬令」は少し異なる。薄葬令は人民を労役で苦しめる古墳造営の簡素化を命じ、〈王より以上の墓は、その内の長さ九尺、濶《ひろ》さ五尺。その外の域は、方九尋《ひろ》、高さ五尋〉などと地位に応じて大きさを規定する。終末期古墳には、こうした規定に合致する大きさの古墳も存在するため、墓を造るのに一定の基準が存在したことをうかがわせる。

大化改新は守旧派の蘇我氏の政策を、改革派の中大兄皇子らが軌道修正したととらえられがちだが、実際に蘇我氏がどんな政策を打ち出していたのかは、よくわからない。『日本書紀』はあくまで天皇家、とくに天智・天武天皇の兄弟に都合よく書かれており、後世の潤色だけではなく、実際には蘇我氏がすでに行っていた施策や、それを踏襲したものもあったに違いない。文献から詳しく区別することは難しいが、木簡などの新資料が発見されれば、その一端が見えてくるかもしれない。

蘇我氏とは何なのか

飛鳥を歩けば、石舞台古墳や都塚古墳をはじめ、そこここに蘇我氏の営みの痕跡を見ることができる。だが、その実像は、いまだ謎のベールに包まれていると言える。

蘇我稲目は、物部守屋に建立した塔を焼かれ、仏像を捨てられても仏教にこだわり続けた。蘇我馬子が五八七年、建立を発願したわが国初の本格的な寺院、飛鳥寺（明日香村）は、高句麗や百済に源流を持つとされる一塔三金堂型式の特異な伽藍《がらん》配置で、塔心礎の埋納物は、玉類や金銀の延べ板などのほか、挂甲《けいこう》（古代のよろい）や青銅製の馬鈴など古墳の副葬品と同じようなものがあった。まさに古墳時代と飛鳥時代をつなぐ象徴的な遺物と言えた。

本尊の銅造釈迦如来坐像（飛鳥大仏）は鞍作鳥《くらつくりのとり》（止利《とり》仏師）の手による日本で最初に造られた仏像

で、火災などで脇侍《わきじ》と光背は失われ、体の大部分は後世の補修だが、顔のほとんどは造立当初の姿をとどめているとされる。蘇我馬子らが目にしたであろうアルカイックスマイル（古代の微笑）を、現代の私たちも目にすることができる。飛鳥寺を訪れるたび、蘇我氏とはどんな氏族だったのか、考えさせられる。

蘇我本宗家は稲目、馬子、蝦夷、入鹿の四代約一世紀にわたって日本の外交、内政、宗教、文化を主導した。だが、滅亡後に勝者が書いた歴史のなかで、専横を極め、天皇を暗殺し、国をわがものにしようとした「逆賊」であり続けた、しかし、仏教を国の根幹に据え、最先端の技術や文化を取り入れることによって、その後の「日本のかたち」を決めた一族ではなかったか。

日本の古代史に果たした蘇我氏の役割は、もっと評価されてよい。

3　日本最初の貨幣——富本銭は流通した？

富本銭の発見

新聞の一面トップの記事を書くときは、いつも怖くなる。誤字脱字がないか、内容を間違えていないか……。では、普段の記事はどうなんだ、と問われれば、いつもにまして、ということになる。

一九九九年一月二〇日朝刊の記事は、指が紙でこすれて痛くなるほど何度も読み返した。まさに歴史の教科書を書き換えることになる発見を報じたからだ。

「日本最古の貨幣は『富本銭』」「飛鳥池遺跡で三十三点出土　和同開珎《わどうかいちん》の四半世紀前天武朝が鋳造定説覆す」「奈文研発表」「六八七年示す木簡も同時出土」。これでもかとばかりに見出しが並び、「富本銭　お金社会の始まり」というサイド記事、調査担当の奈良国立文化財研究所飛鳥藤原宮跡発掘調査部の松村恵司・考古第二室長が富本銭は厭勝銭《ようしょうせん》（まじない銭）という自説を撤回した話題で社会面の見開き、解説、飛鳥池遺跡の調査成果一覧の特集面、奈良県版にも記事が掲載された。まさに特上の〝フルコース〟だった。

橿原通信部に在籍しており、メイン担当だった。一九九八年七月に発生した和歌山毒カレー事件の応援取材などで準備が遅れ、十分な記事を仕上げられるか心配だったが、なんとか間に合わせることができ、ほっとした。

富本銭に限らず、飛鳥池遺跡の取材は思い出深い。それは新発見の面白さだけではなく、苦みを伴っている。

そもそも飛鳥池遺跡の調査は、奈良県がこの場所に計画した仮称・万葉ミュージアム（現・奈良県立万葉文化館）の建設に伴うものだった。南から北へ延びる谷にあたり、名前の通り、かつては谷をせき止めたため池だった。一九九〇年に池の埋め立て計画があり、一九九一年に発掘調査を実施。ガラスなど飛鳥時代の工房跡と判明した。一九九七〜九九年の調査では、富本銭だけではなく、最古の「天皇」と書かれた木簡をはじめ約八〇〇〇点の木簡、金・銀製品、漆、鉄製品、銅製品などが出土し、官営の総合工房跡と判明した。

県は十分な発掘調査をしたのだから、記録保存でよいという立場。特別史跡級の遺跡を壊してこのまま工事を進めてよいのか？　最初は控え目に、やがて熱く遺跡の保存を訴えるキャンペーンを紙面で展開した。山尾幸久・立命館大学名誉教授（古代史）から「この遺跡が守られないのなら、日本に守るべき遺跡はない」というコメントをいただき、紙面で紹介したとき（奈良県版だったが）は、読者からの反響も大きく、保存に向けた手ごたえはあった。

キャンペーンの影響もあってか、県立万葉文化館は基礎工事が変更されることになった。飛鳥池遺跡は施設の建設後、国史跡指定されることになる。だが、遺跡の宝庫・奈良県で、『万葉集』の名がついた県立の文化施設が、飛鳥時代の歴史遺産を壊して建設され、事後に国史跡指定された事実は変わらず、この後の遺跡の活用も含めて十分に保存活用されているとは、私は考えていない。

遺跡の取材そのものは楽しかった。なぜ富本銭から始まり、江戸時代の寛永通宝に至るまで、円形の銭貨の真ん中に方形の穴が開いているのか。それまでは考えたこともなかった。だが、一つには、天は円形、地は方形をしているという古代中国の世界観「天円地方」説に基づき、形を決めていること、もう一つは、鋳造後、はみ出た鋳《い》ばりを取るため、中央の穴に棒を通してやすりでこする際、円形だとぐるぐる回ってしまうから、という工程上の理由があることを知った。

さらに出土遺物から復元できる、鋳型に溶けた銅合金を注ぎ込んで、銭が枝についたような「枝《えだ》銭《せん》」を造り、たがねで切り離して研磨するという富本銭の工程は、寛永通宝と同じで、約一三〇〇年前に銭貨の鋳造技術が完成していたことは驚きだった。

こうした技術は、中国・唐から伝わったとみられる。直径二・四四センチ、厚さ一・五ミリ、重さ四・二五〜四・五九グラムは、唐の銅貨「開元通宝」とほぼ同じサイズだった。忠実にまねようとしたらしい。ただし、唐代以降、中国では、銭文（銭の文字）は漢字四文字で表されるが、富本銭は上下に「富本」の二文字と、左右の七つの点「七曜文」を表す。「富本」は、「富民之本　在於食貨（民を富ませる基本は、食と貨幣にある）」という故事に基づく。隋代に用いられた銅貨「五銖《ごしゅ》」の二文字は、量目を表しており、文字数を倣いつつ日本の独自性を出したのだろう。

成分にアンチモンという金属が含まれていたのも特徴的だ。アンチモンは、見た目は白っぽく錫や鉛に似ている。飛鳥池遺跡では輝安鉱というアンチモンの原石が出土している。正倉院宝物にはアンチモンの金属塊があり、青銅製品の材料に用いられたのは間違いない。

和同開珎には、銭文などのタイプによって、「古和同」と「新和同」の二つに分けられ、このうち「古和同」はアンチモンが含まれる。富本銭を鋳つぶしたものを材料に古和同が鋳造されたのではないだろうか。

金属の流れをよくしたという説があるが、成分を分析した独立行政法人国立文化財機構奈良文化財研究所の村上隆・上席研究員は「古代には錫《すず》とアンチモンを明確に区別しておらず、錫と違ってうまく鋳造できず、和同開珎では使用をやめたのだろう。ただ、アンチモンを混ぜると色が明るい金色になり、色味を重視していたのではないか」と指摘する。

皇朝十二銭など古代の銭貨で、ここまで製作過程や成分がわかっている例はなく、最古の鋳造貨幣から、後の技術を復元するという、逆コースになったのが面白い。取材の過程で、日本では銭貨の研究者が極端に少ないことに驚いた。銭は世俗的で汚いものという武士が抱くような印象があるからだろうか。中央アジアなど世界に目を転じれば、銭貨は年代を決める基準となる重要な遺物として、博物館でも目立つ位置に展示されているのに、とても残念なことだ。

古代の銭貨研究を取り巻く環境は、富本銭の発見以降、大きく進展している。それが救いだ。

富本銭の広がり

富本銭が発見され、「最古の（鋳造）貨幣」と判明してからも、「富本銭は流通した様子がないから厭勝銭（まじない銭）だ」という見方を崩さない研究者もいる。官営工房で大規模に厭勝銭を造るかどうかはさておき、飛鳥池遺跡の調査以降、各地で富本銭が過去の調査で出土していたり、新たに発見されたりして、飛鳥だけではなく、広がりを見せていることが明らかになった。

そのうちの一枚は、奈良県桜井市の大福《だいふく》遺跡の藤原京（六九四〜七一〇年）跡の側溝から出土したものだった。調査はなんと一九九三年。飛鳥池遺跡の発見以前に、少なくとも藤原京の時代に富本銭が使われていたことがわかっていたのだった。

ほかに大阪市中央区の難波《なにわ》京跡（細工谷《さいくだに》遺跡）、長野県高森町の武陵地一号古墳などで出土が確認されている。

さらに藤原宮跡で地鎮具として須恵器に納められて見つかった九枚の字体や成分は飛鳥池遺跡で出土したものとは異なり、飛鳥池遺跡で別の時期に造られたか、別に工房があったことをうかがわせた。本格的な流通はしていなくても、流通させようとした国の意図こそが重要なのではないだろうか。

中国では王莽《おうもう》の建てた新（八〜二三年）や、清朝に洪秀全が興した太平天国（一八五一〜一八六四年）など短期間に終わった国（政権）も独自の貨幣を造った。独自の貨幣こそ、独立国である要素の一つなのだ。富本銭もそう考えれば、律令や国号の制定などとともに、中国など諸外国に対し、日本が独立国であることを宣言する有力な根拠となった。

だが、日本は物々交換の段階にあったとみられ、富本銭は、一般には浸透しなかっただろう。「富本」という二文字の銭文も、中国の「開元通宝《かいげんつうほう》」という四文字と比べ、古臭く見えたのではないか。

そこで、七〇八年、四文字の銭文を持つ和同開珎が発行された。労賃が一日一文で支払われ、徐々に貨幣経済が発展していくようになる。

周防の鋳銭司

銭貨を鋳造する役所・役人のことを「鋳銭司《じゅせんし》」という。現代の造幣局にあたる。持統八年（六九四年）、〈直広肆《じきこうし》大宅朝臣麻呂《おおやけあそみまろ》・勤大弐《ごんだいに》 台 忌寸八嶋《うてなのいみきやしま》・黄書連本実《きぶみのむらじほんじち》等を以《もっ》て、鋳銭司に拝《め》す〉と記される。このうち黄書連本実は渡来系の画師《えし》（画家）で、渡来系の技術が必要だったことをうかがわせる。

文武三年（六九九年）には〈初めて鋳銭司を設ける〉とあり、この「初めて」がどういう意味なのかはわからない。常設の役所ではなくて、銭貨を造る都度、臨時に設けているのかもしれない。

天武一二年（六八三年）、天武天皇が〈今より以降、必ず銅銭《あかがねのぜに》を用ゐよ。銀銭《しろかねのぜに》を用ゐること莫《なか》れ〉と命じている。この「銅銭」は富本銭、「銀銭」は無文銀銭を指し、富本銭を鋳造する役所があり、担当者がいたはずだが、『日本書紀』に記述はない。

七〇八年の和同開珎の発行以降、鋳銭司は長門《ながと》（現・山口県西部）や周防《すおう》（現・山口県東部）などに設けられるが、実態はよくわかっていない。

周防鋳銭司跡（山口市）に関しては、山口大学と山口市教育委員会が二〇一六年から五年計画で発掘調査や科学的分析を進めている。

周防鋳銭司は平安時代の法令集『類聚三代格《るいじゅうさんだいきゃく》』によると、平安時代の八二五年に設置され、九五〇年まで約一五〇年にわたって、日本で一か所しかない貨幣鋳造所として稼働した。皇朝十二銭のうち、富寿神宝《ふじゅしんぽう》（八一八年初鋳）から最後の乾元大宝《けんげんたいほう》（九五八年初鋳）までの八種類を鋳造したと考えられる。

一九六五年度の第一次調査、一九七一年度の第二次調査では、炉に風を送るふいごの羽口などが出土。一九七三年に国史跡となったが、その後は予算などの都合で学術調査が行われてこなかった。二〇一六年に山口大学と山口市教育委員会の体制が整い、共同で調査を始めることになったのだ。

二〇一七〜一八年度の調査では、さびて塊になった状態で皇朝十二銭の長年大宝《ちょうねんたいほう》（八四八年初鋳）五枚が初めて出土した。X線撮影などから、鋳造に失敗した「鋳損じ銭」とわかり、周防鋳銭司跡で長年大宝を造っていたことが明らかになった。ふいごの羽口など大量の鋳造関係遺物のほか、複数の炉跡や大型建物跡、大型の井戸跡も確認した。研究代表の田中晋作・山口大学教授（考古学）は「『類聚三代格』の記述から、一日数万枚を製造していたと考えられ、それが裏付けられた」と語る。

周防、長門は良質な粘土が採れることから須恵器の窯跡が多く、東大寺大仏の造立に銅を供出した長登《ながのぼり》銅山（美祢《みね》市）や、奈良時代の長門鋳銭司跡（下関市）がある。田中教授は「政権中枢から遠い周防、長門が、重要な国家事業の銭貨鋳造を長年担っていた。それは材料の銅や燃料となる木材の入手が容易で、かつ交通の要衝だったからだろう。周防、長門は古代のテクノポリスと言える先端工業地域だったのだろう」と指摘する。

ただ、今回の調査は約六〇〇平方メートルで、約三万八〇〇〇平方メートルに及ぶ史跡全体の一・五％に過ぎない。全容解明には、周辺を含むさらなる調査が必要だ。

松村恵司氏は「古代における銭貨の流通を疑問視する見方もあるが、周防鋳銭司跡で銭貨が大量生産されていたのは間違いなく、それは銭貨を流通させようとした国家の経済施策を表している。今後、鋳型の発見など鋳造技法の解明も待たれる」と語る。

鋳造技法が明らかになれば、富本銭との比較検討で多くのことがわかるに違いない。

4　飛鳥の苑池と都城――都の景観は？

田園風景が広がる「日本の古里」

奈良県明日香村は、「日本の古里」と呼ばれる。周囲を里山に囲まれ、東に目を向ければ、遠くに多武峰《とうのみね》の山々が連なる。飛鳥川が田園風景の中を流れ、コンクリート造の高層建築はなく、瓦屋根の家々が連なる。南の稲渕《いなぶち》地区に向かえば棚田が広がり、秋には畔《あぜ》を彼岸花が赤く彩る。どこかで見たような懐かしさ。でも、今では少なくなった田園風景が、大阪・天王寺から電車でわずか約四十分のところにある。地方の例にもれず、過疎・高齢化は進むが、京都や奈良ほど観光客が押し寄せることはなく、ゆったりとした時を過ごすことができる。

だが、この風景はどこまでさかのぼるのだろうか。

一九五六年、飛鳥村、高市村、阪合村の三村が合併して、明日香村が生まれた。飛鳥時代の古都であることは知られていたが、高度成長期の開発の波が近くまで押し寄せ、一九六六年、明日香村は古都保存法の適用を受け、一九六八年には、歴史的風土保存地区に指定され、古都の歴史的風土を守るため、開発が制限されることになった。さらに一九七二年の高松塚古墳壁画の発見による飛鳥ブームの高まりを受けるかたちで一九八〇年、明日香村特別措置法が施行され、地域総合計画が設けられて十年単位で地域の保全と住民の生活環境整備などが行われることとなった。

だが、ここで守られる風土とは、近世や近代の風景に過ぎない。では、都があった七世紀の飛鳥時代はどうだったのか？

飛鳥盆地は北の出入り口に迎賓施設の石神遺跡、その南に巨大な飛鳥寺、さらに飛鳥宮跡と連続して配置されている。奥山廃寺（小治田《おはりだ》寺）、豊浦《とゆら》寺、橘《たちばな》寺、川原《かわはら》寺といった寺院の数々、宮殿に付属した庭園である飛鳥京跡苑池《えんち》に離宮の嶋宮《しまのみや》……。平地は宮殿などの公共施設と寺院で、ほぼ埋まってしまう。蘇我蝦夷・入鹿が甘樫丘山麓に邸宅を造ったのは、平地には十分な敷地が確保できなかったからだろう。普通の官人（役人）らが何人ぐらいいて、どこに暮らしていたのかは謎だ。

敷石で埋め尽くされた都は、北の蝦夷《えぞ》や南の隼人《はやと》ら都以外から訪れた人々には、白くまばゆく映ったのではないか。そして、石神遺跡には、須弥山《しゅみせん》石や石人像といった噴水施設があり、苑池には水がたたえられ、池底の石が緑や青、白のモザイクのように見えたろう。東の丘陵と谷にある酒船石《さかふねいし》遺跡には、甲羅の部分が彫り込まれて水がたまるようになった亀形石造物があり、水の祭祀《さいし》が営まれていた。

一九九九年六月一五日の読売新聞朝刊第二社会面で飛鳥時代の

図23　明日香村を流れる飛鳥川。このほとりに都が営まれた

庭園跡、飛鳥京跡苑池（時の名称は飛鳥京跡苑池遺構）の発見について「よみがえった水の都」と指摘し、二〇〇〇年二月二六日読売新聞朝刊特集面で、飛鳥京跡苑池や石神遺跡などを紹介し、古代の飛鳥について、おそらく初めて「水と石の都」とキャッチコピーをつけた。千田稔・国際日本文化研究センター名誉教授（歴史地理学）は『飛鳥——水の王朝』（中公新書、二〇〇一年）で、河上邦彦・元奈良県立橿原考古学研究所副所長も『飛鳥を掘る』（講談社、二〇〇三年）の中で「水の都」と書き、飛鳥の水の仕掛けに着目した。飛鳥時代の飛鳥が、石敷きや水の仕掛けで埋めつくされた人工的な空間だったことが次第に明らかになってきた。

飛鳥京跡苑池は白錦後苑か

飛鳥京跡苑池は渡り堤を挟んで南北二つの池に分かれ、一九九九年の発見以降、調査が続けられている。当初、南池（東西約六〇メートル、南北約六五メートル）は護岸に曲線の多い曲池で噴水などを備えた鑑賞用、北池は護岸が直線的で深く貯水用とみられていた。

七世紀中ごろに造られ、七世紀後半に大改修されていたことがわかったため、斉明天皇が造り、天武天皇が改修し、饗宴に使ったと考えられた。池の名称については、『日本書紀』に天武十四年（六八五年）に〈白錦後苑《しらにしきのみその》に幸《いでま》す〉と記される「白錦後苑」にあたるのではないかと推定でき、新聞でもそう報じた。

これに対し、和田萃・京都教育大学名誉教授（古代史）は「幸す」という記述に着目。「幸す」とは、宮殿から離れたところに赴くことだから、宮殿に隣接する飛鳥京跡苑池に使うのはおかしいとみて、白錦後苑は別の場所にあると説く。こうなると白錦後苑は所在不明のままということになるが、飛鳥京跡苑池ほどの大庭園に名称がないのも不審なので、私は白錦後苑でよいのではないかと考えている。

調査は二〇二〇年四月現在も継続中で、南池は直線が多いため曲池とは言いにくく、北池も方池ではなく、単なる貯水池でもないことが明らかになってきた。北池は階段や石敷きが見つかり、水辺で儀礼を営んだ場所だった可能性が出てきた。

北池から北側に流れる水路からは木簡が百数十点見つかった。通常は多く含まれる木簡の削り屑《くず》がないのが特徴で、上流すぐの場所にあった役所から流れてきたらしい。「丙寅年（六六六年）」「戊寅年（六七八年）」「戊子年（六八八年）」という年号を記した木簡があり、この前後のものらしい。最も重要なのは「嶋官《しまのつかさ》」という木簡。後に園池司という庭園を管理した役所を差しのだろう。おそらく大宝律令の施行（七〇二年）以前の制度で、「官」という役所が存在したことを示してた初の同時代史料だ。この

図24　発掘後、湧き水がたまった飛鳥京跡苑池
（1999年、明日香村で）

ほか、「薬師等薬酒食教鼓酒」と書かれたものや、「西州続命湯方　石膏二両　當帰《とうき》二両…」など漢方薬の処方を記したものがあり、庭園には薬草園もあったらしい。ちなみに當（当）帰はセリ科の多年草で、今も奈良県を中心に栽培され、根が補血、強壮、鎮痛、鎮静などの目的で生薬として使われている。

今後の調査で新たな木簡が見つかるかもしれず、飛鳥京跡苑池の性格もより、はっきりしてくるだろう。

酒船石遺跡で営まれた祭祀

「マンホールが出てきたで」。明日香村の酒船石遺跡をぶらりと訪れると、村教育委員会の職員がニヤニヤしながら近寄ってきた。道路建設に伴い、村教育委員会が一九九九年一一月から調査している発掘調査現場。「そんなアホな」と思いつつ、大量に水が湧いて泥だらけの現場をのぞき込むと、泥の中に真ん中が空いた円い灰色の物体が見えた。「ほんまにマンホールや！」。首をひねりつつ、現場を何度も訪れた。その都度、「手足が生えたで」「頭もあるみたいや」と技師。「えーっ」。それが亀形石造物だった。石造りの亀の甲羅の部分がくぼんでいて、水が溜まるようになっている仕掛けだった。年代決定は難しいが、どうやら七世紀中ごろのものらしい。

「こんな変なもん、知ってる？」と職員に聞いたが、「まったく知らん」。職員は「発掘するだけでせいいっぱいだから、類例がないか調べてよ」と厚かましい依頼をしてくる。「あとで何かいいことがあるかも。もともと調べるつもりだったし、ギブ・アンド・テイクだから仕方ないな」と苦笑しつつ、古代の亀の造形物について取材を始めた。

まず思いついたのが、聖徳太子の菩提を弔うため妃の橘大郎女《たちばのおおいらつめ》が作った奈良・中宮寺蔵「天寿国繍帳《てんじゅこくしゅうちょう》」（六二二年）の甲羅の真ん中に漢字が入った亀。そして長崎県壱岐市の笹塚古墳（六世紀後半～七世紀前半）から出土した亀形飾り金具（馬具）や、韓国・慶州にある新羅の武烈王（在位六五四～六六一年）陵などにある石碑の台石になっている亀趺《きふ》。曾布川寛『崑崙山への昇仙―古代中国人が描いた死後の世界』（中公新書、一九八一年）などを読み、亀の象徴的な意味を考えた。リクガメかウミガメか、はたまたスッポンかで意味するものが違ってくる。「鶴は千年、亀は万年」というように古来長寿のシンボルであり、古代中国には大亀が地上を支えているという世界観もある。おそらく、斉明天皇らによって甲羅部分に溜まった水を使って不老長寿を祈るような祭祀が営まれたのではないか。

こうして調べたことは、職員にこっそり耳打ちした。すると、後日、この職員は、さも自分が調べたことであるかのように、記者会見で他のマスコミの記者にちゃっかりと説明するではないか！「これじゃあギブ・アンド・テイクにならんがな」と心の中で盛大にぼやきつつ、「へーっ、そうなんだ」と初めて聞いたことのようにつぶやき、「二度とこいつには調べたことは教えん」と誓ったのだった。もっともこの職員、どこか憎めないところがあって付き合いは今も続いているのだが。

「飛鳥・藤原」の庭園

橿原市、明日香村にまたがる古宮遺跡は、推古天皇の小墾田宮《おはりだ》推定地とされ、一九七〇年の奈良国立文化財研究所の調査で、庭園遺構が出土した。石敷きの広場に円形の池を設け、石組みの小溝がつながる。飛鳥川の対岸にある雷丘東方遺跡から「小治田宮」と書かれた墨書土器が出土しているため、宮殿ではなく、蘇我蝦夷の邸宅跡という説も出ている。いずれにせよ、飛鳥京跡苑池とは比較にならない小さな庭園だ。

また、明日香村の島庄遺跡では、一九七二年と一九八七年の奈良県立橿原考古学研究所の調査で、一辺四二メートルの方形の池と、後に造られた水路と小池が見つかった。『日本書紀』には蘇我馬子が飛鳥川のほとりに邸宅を構え、庭の中に池を掘り、その中に小さな島を造ったから「嶋大臣」という、とある。この時見つかったのは、その池そのものかはわかっていないが、こうした池は蘇我馬子の邸宅に伴うものだと推定されている。

石組みの方形地（方池）は飛鳥池遺跡や石神遺跡でも見つかっており、ルーツは、曲線の多い曲池が新羅なのに対し、方池は百済にあると考えられている。

飛鳥京苑池や島庄遺跡で、飛鳥京跡の宮殿や邸宅に伴う庭園はわかってきた。平城宮には松林苑《しょうりんえん》という大規模な庭園が北側に広がり、皇太子らが起居した東院にも庭園があった。だが、間に挟まれた藤原宮（橿原市）、藤原京では、庭園の実態はまったくわかっていない。藤原宮跡の北側には、庭園が広がっている可能性もあるが、ほとんど発掘調査されておらず、地表からは遺構の存在をうかがうことはできない。藤原宮時代の庭園がどのようなものだったのか、ぜひ知りたいものだ。

飛鳥の条坊道路

中国の都城にならった碁盤の目状の条坊道路は、藤原京（六九四〜七一〇年）で整備されたとされている。実際には七世紀後半の天武朝に条坊道路が造られ、それをやり直して藤原京の道路は造られた。それ以前、七世紀中ごろの孝徳朝に、難波宮を中心とした条坊道路があったとする見方もあるが、道路跡は見つかっているものの、複数の交差点など「難波京」があったと言える条坊道路のあった痕跡は、まだ見つかっていない。

では、飛鳥京ではどうか。飛鳥京跡でも当然、東西、南北の道路跡は見つかっている。だが、碁盤の目状になっていたかというと、土地のサイズから、とても藤原京のように広い条坊道路があったとは考えられない。むしろ、藤原京を設けた理由の一つに、飛鳥京では条坊道路が施工できなかったから、というのがあったかもしれない。一方で、藤原京に先行する天武朝の条坊道路を「飛鳥京」の条坊道路とみるなら、飛鳥京にも条坊道路が存在したことになる。

遣隋使や遣唐使らが見た中国の都は、必ず条坊道路があった。都の条件の一つとして受け止め、帰国して天皇らに報告したとしても不思議はないだろう。条坊道路のある都市景観は、飛鳥時代以降、平安京まで続いたのだった。

5　都の最終防衛線——高安城はどこに？

白村江の戦いと戦後

次は日本の番に違いない——。飛鳥の都人《みやこびと》らは恐れおののいたに違いない。唐と新羅の連合軍の前に六六〇年、百済は滅亡した。百済を再興するため、斉明天皇は親征したが翌年、九州で陣没する。それでも六六三年、二万七〇〇〇人の大軍を派遣し、白村江《はくそんこう》（現在の韓国北西部・錦江河口付近）で唐・新羅連合軍と対戦。だが、大敗を喫した。百済再興どころか、今度は日本が亡国の危機にさらされたのだ。朝鮮半島の覇権を争った高句麗も六六八年、唐に滅ばされた。唐・新羅の大軍が、すぐにでも攻めてくるのではないか。

大勢の百済人が亡命し、中には軍人や築城の技術者もいた。彼らの力を借り、日本は大急ぎで対策をとる。『日本書紀』には、こう記される。

〈対馬島・壱岐島・筑紫国等に、防《さきもり》と烽《とぶひ》とを置く。また筑紫に、大堤を築つきて水を貯へしむ。名《なづ》けて水城《みずき》と曰《い》ふ〉

簡単な記述だが、水城は、高さ約九メートル、基底部の幅約八〇メートルの土塁が約一・二キロ続く大規模な防御施設だ。幅約六〇メートル、深さ約四メートルの外濠も設けられ、水が溜まれば、まさに水城の名にふさわしかったろう。博多湾に上陸した敵が、大宰府（福岡県太宰府市）に侵攻するのを防ぐ役割があった。

さらに大野城（福岡県太宰府市・大野城市・春日市）と基肄《きい》城（福岡県筑紫野市・佐賀県基山町）を築く。記録にはないが、岡山県総社市の鬼ノ城《きのじょう》も古代朝鮮式山城で、瀬戸内海を攻めてくる敵を防ぐためのものだったのだろう。

最終的に六六七年、高安城が築かれる。都の最終防衛線であり、ここを突破されれば、後がない。従来、地名などから、大阪府八尾市と奈良県平群町の境にある高安山（標高四四八メートル）に築かれたと予想されてきた。確かに山頂付近から、大阪湾が望め、敵が大阪湾に上陸し、飛鳥の都に向けて進軍したら、すぐに気づくことができる。だが、遺構や遺物は見つかっていなかった。

八尾市民を中心に一九七六年、「高安城を探る会」が結成され、現地の踏査を続けた。会は一九七八年、奈良県側で奈良時代前期の倉庫跡の礎石を発見、奈良時代まで使われていた記録を裏付けた。だが、高安城そのものの遺構は、その後も長く見つからなかった。

高安城の外郭線の発見

「やっぱり石垣やね」「ここにも、あそこにもある」。二〇一四年二月、時折、雪が舞うなか開かれた古代学研究のウインターセミナー。大阪府八尾市の高安山の山頂付近で、奈良県立橿原考古学研究所の奥田尚・特別指導研究員（地質学）が、ほっとしたように声を上げた。高安城の石垣だった。南限を調査した結果、尾根を遮断する大規模な堀切も確認した。南から尾根伝いに攻めてくる敵を迎撃

図25　高安城の石垣を示す
奥田尚氏
（2014年、大阪府八尾市で）

できるようになっていたのだろう。

奥田氏と八尾市教育委員会の米田敏幸氏は一九九九年、高安山山麓にある高安古墳群の調査をしたおり、古墳とは関係のない列石が斜面に並んでいるのを見て、高安城の外郭線に相当するのではないかと気づいた。高安山西側の標高三五〇～四〇〇メートル付近を集中的に踏査した結果、標高三九〇メートル付近で、一辺が一～三メートルの方形の花崗岩《かこうがん》を二段積みした石垣が約一〇〇メートル続いているのを発見。石垣は尾根先端を造成したとみられる平らな面を巡っていた。平らな面には櫓《やぐら》のような建物が立っていたらしい。

さらに、約三〇〇メートル間隔で五か所にわたって石垣を確認、いずれも同じ標高上にあり、五段分残っているところもあった。さらに、高安山の東側でも、石垣や土塁の痕跡を確認し、外郭線を明らかにした。外郭線は、東西一・二キロ、南北二・一キロに復元できるという。

石垣と判断した石の集積については従来、「自然の石ではないか」「上部からの転石ではないか」という指摘もあり、軽視されてきた。だが、奥田氏は「隣り合った石の節理（石の割れ方）の方向が違うので、自然ではなく人工的に積んだものとしか考えられない。標高三九〇メートルより上に転石ができるような石はない」と否定し、人工的な構造物と判断した。すなわち、高安城の石垣だとわかったのだ。

奥田氏は「これまで山頂ばかり探していたから見つからなかった。石垣は斜面に築いた方が広い敷地を囲め、防御しやすい。他の朝鮮式山城のような割石を積むのではなく、巨石を積んでおり、横穴式石室造りに携わった工人が築城に関わっているのではないか」と推測した。新聞記者同様、まさに足で稼いだ調査成果だった。これらの経緯は一九九九年六月二〇日の読売新聞朝刊一面と第二社会面で特報することができた。

高安城のその後

長年友好関係にあった百済の滅亡に、飛鳥では防備が十分ではないと思ったのだろう。天智天皇（中大兄皇子）は六六七年、都を飛鳥から近江大津宮（滋賀県大津市）へ遷す。天智天皇はこの地で即位し、防備を固めた。だが、実際には唐と新羅軍が攻めてくることはなく、北部九州や瀬戸内の城で迎え撃つことはなかった。

だが、高安城は思わぬことで実戦に使われる。天智天皇の息子・大友皇子《おおとものみこ》と、天智天皇の弟・大海人皇子《おおあまのみこ》（天武天皇）が皇位継承を巡って争った古代史最大の内乱、壬申《じんしん》の乱（六七二年）だ。

当初、大友皇子方の軍勢が守備していたが、大海人皇子方の坂本臣財《さかもとのおみたから》の軍勢が接近すると倉庫を焼き払って退却する。坂本軍はいったん城に入るが、大友方の壱岐史韓国《いきのふひとからくに》の大軍が飛鳥方面に進軍するのを見て、城を出て戦う。激しい争奪戦が繰り広げられたのだった。ただ、焼けた倉庫など壬申の乱の痕跡も、まだ見つかっていない。

壬申の乱以降の高安城について、『続日本紀《しょくにほんぎ》』の記述には若干の乱れがある。七〇一年（大宝元年）に高安城を廃止して貯蔵していた物資を大和（現・奈良県）・河内（現・大阪府東部）の二国に移すと記した後、七一二年（和銅五年）、元明天皇（在位七〇七〜七一五年）が城を訪れたとする。まさか廃城を女帝が訪れることはないだろう。その後、奈良時代のいずれの時か、廃城になったのだろう。

大阪府側の発掘調査はまだ行われておらず、奥田氏らが発見した石垣が高安城のものか異論もある。奥田氏と米田氏は「今後、尾根上に点在する平らな面などを発掘調査して遺構を見つけてほしい」と期待する。『日本書紀』の高安城築城の記述は「築倭国高安城（大和の国に高安城を築く）」のたった六文字だが、発掘調査が進めば、東アジアの激動の時代、日本が生き残りをかけた壮大な城の全貌が見えてくるに違いない。

6　由義寺塔跡の発見――道鏡は悪僧か？

塔跡の発見

バイパス越しに生駒山地を望む大阪府八尾市の郊外に、巨大な礎石が顔をのぞかせていた。約二〇メートル四方の土の高まりも確認できる。高まりは砂と粘土を交互に固く突き固めていて、平面が正方形の形状から古代の塔の基壇《きだん》（土台）跡とわかった。発掘調査による新発見にはたびたび驚かされてきたが、たいてい地表に少しは遺構の痕跡が残っている。今回、地表から遺構の存在はまったくわからず、現場に立ち、思わず「こんなことがあるのか」とつぶやいた。

塔跡は土地区画整理事業に伴う八尾市教育委員会の発掘調査で見つかった。一緒に出土した瓦などの時期や、立地から、飛鳥時代末～奈良時代末について記した正史の『続日本紀』（七九七年完成）に奈良時代の女帝・称徳《しょうとく》天皇（七一八～七七〇年）が、寵愛《ちょうあい》した僧・道鏡《どうきょう》（？～七七二年）の故郷に建立した由義寺《ゆげでら》（弓削寺）のものだと考えられた。

調査地周辺は道鏡の出身氏族、弓削氏の本拠地、河内国若江郡にあたる。由義寺があったのではないかと推測されてきたものの、詳しい場所は定かではなく、遺構が確認されるのは初めてのこと。まさに「幻の大寺」が姿を現したのだった。鎮壇具《ちんだんぐ》として納められていたとみられる皇朝十二銭の神功《じんぐう》開宝《かいほう》が出土したことから、塔の建立は、神功開宝が初めて鋳造された天平神護《てんぴょうじんご》元年（七六五年）以降

図26　出土した由義寺の塔跡。
礎石の一部が残っている
（2017年2月、大阪府八尾市で）

だったことが判明した。

由義寺の名が最初に登場するのは、天平一四年（七四二年）。弓削寺の僧が男性信者の出家を申請した正倉院文書で、このころまでには弓削氏の氏寺として弓削寺が存在したことがわかる。

次いで『続日本紀』に天平神護元年、称徳天皇が弓削寺に参拝し、朝鮮半島・百済の王族の子孫で高官だった百済王敬福《くだらのこにきしけいふく》らが舞を奉納したと記される。塔に関する『続日本紀』の記述は宝亀元年（七七〇年）、〈詔《みことのり》して、由義寺の塔を造りし諸司の人、及び雑工等九十五人に、労の軽重に随《したが》ひて、位階を加《くわ》へ賜《たま》ふ〉と塔の造営に携わった役人や職人を慰労した記述があるのみで、どんな塔だったのか、完成していたのかもはっきりしない。

今回の調査で焼けた瓦や焼土、炭化物が大量に出土し、塔の頂上部を飾る相輪《そうりん》の一部とみられる大型銅製品の破片、塔基壇の四周を飾った化粧石の痕跡とみられる凝灰岩が見つかった。相輪や化粧石は工事の最後に設けられるもののため、塔は完成していたことが判明した。さらに平安時代後期以降、火災で焼け落ちたこともわかった。

どんな塔だったのか。平城京にあった大寺院、東大寺東塔の塔基壇が二三・二メートル四方、西塔が二三・八メートル四方、大安寺東西塔が各二〇・四メートル四方、西大寺東西塔が各一六・五メートル四方、現存最大の東寺（京都市南区）の五重塔が一八メートル四方。高さ五四・八メートルの東寺を上回り、七重塔だった大安寺に匹敵する。大安寺は最初の国営寺院・百済大寺を前身とし、東大寺ができるまで、国家筆頭の格式ある寺院だった。これらを参考にすれば、少なくとも高さ六〇メートルの七重塔だったと推測できる。

まさに由義寺の塔は、国家プロジェクトで造られた奈良時代屈指の巨大な塔だったのだ。だが、礎石は農作業の妨げになったためか近世以降に掘られた穴に落としこまれていた。江戸時代まで塔基壇は地表に見えていた可能性はある。それでも地元の塔の存在を示す伝承は残っていない。道鏡の悪評と無縁ではないだろう。

道鏡の実像

道鏡と言えば、称徳女帝との親密な関係を悪用して栄耀栄華《えいようえいが》をほしいままにし、皇族ではないのに天皇に就こうとしたが、女帝の没後に失脚して流罪にされた希代の悪僧、そう言われてきた。『続日本紀』の記述からは、そう読み取れる。帝政ロシア末期、皇帝夫妻に影響を及ぼした怪僧ラスプーチン（一八六九〜一九一六年）とイメージが重なるかもしれない。だが、本当に悪僧だったのか。

道鏡は天平宝字六年（七六二年）、保良宮《ほらのみや》（滋賀県大津市）に滞在していた称徳天皇の病気を治したのをきっかけとして天皇の寵愛を得た。

中国・唐から鑑真が来日し、日本でも僧侶になる正式な手続き「戒律」を授かることができるようになっていたが、道鏡が、どこでどんな学問を積み、どうやって僧侶になったのかはわからない。正倉院文書に同年、道鏡が東大寺から経典を借りた文書があり、「法師道鏡」の署名が残る。その文字は「鏡」のつくりの跳ねが大きい特徴があるものの、後に別の正倉院文書にあるような力強い筆致は見られない。都で学ぶ一僧侶にすぎなかったのだろう。

称徳天皇は三年後の天平神護元年、弓削寺の近くにあったと推定できる弓削行宮《あんぐう》（仮の宮殿）を訪れているから、このころまでに道鏡は称徳天皇の特別な寵愛を得ていたとみてよい。

上皇だった称徳天皇は、淳仁天皇と藤原仲麻呂《ふじはらのなかまろ》（恵美押勝《えみのおしかつ》）と対立し、政治状況は目まぐるしく変わっていた。天平宝字六年には、上皇は近江から平城京に帰って出家したものの、天皇を非難し、国家の大事と賞罰は自ら行うと宣言。翌年、軍事行動で起死回生を図った藤原仲麻呂の乱が起きるが、仲麻呂は敗死した。さらに淳仁天皇を淡路島（兵庫県）に流して幽閉、逃亡しようとしたとして天皇は没した。おそらく暗殺されたのだろう。

この争乱に乗じたかのように、道鏡は出世の階段を駆け上がる。小僧都から大臣禅師、そして太政大臣禅師となり、法王となる。政治、宗教の頂点に登りつめ、一族も栄達をとげた。神護景雲三年（七六九年）の正月には、称徳天皇が大極殿で文武百官らの朝賀を受けた翌日、西宮（由義宮を指すとみられる。由義宮については後述）の前殿で、大臣以下の拝賀を受け、天皇に次ぐ地位にあったことは明白だ。

ここで大きな問題が起きる。同年、道鏡を天皇位に就ければ天下太平になるという神託が宇佐八幡宮（大分県宇佐市）から宮中に届いたのだ。宮中を揺るがす前代未聞の大事件だった。

当時、大宰師（福岡県太宰府市にあった九州を統括する太宰府の長官）は道鏡の弟、弓削浄人《きよひと》。道鏡の直接の指示か少なくとも意をくんで、宇佐八幡宮の神職が権力におもねた神託を出したというのが通説となっている。だが、私は道鏡の直接の関与は疑わしいと思っている。そもそも道鏡は自らの意志で天皇になろうとしたのか疑問だ。

もし事実ならクーデターに等しい大罪。称徳天皇の没後、一族全員が死罪にされても不思議ではない。それが、道鏡は下野薬師寺《しもつけやくしじ》（栃木県下野市）の別当（住職）になっている。左遷といえば左遷だが、下野薬師寺は東大寺、観世音寺《かんぜおんじ》（福岡県太宰府市）と並ぶ日本三戒壇の一つで東国随一の寺院。まったく処遇されていないわけではない。

もっとも弓削浄人と三人の子は土佐（高知県）に流罪となっている。こうした処分を決めたのは、称徳天皇没後、光仁天皇を擁立した左大臣・藤原永手（七一四〜七七一年）だったとされる。称徳天皇の母である光明皇后が東大寺大仏に献納した正倉院宝物のリスト「国家珍宝帳」（七五六年）の末尾には、仲麻呂に続いて永手の署名がある。永手は仲麻呂のいとこにあたる。少し間違えれば自らの死につながる苛烈な政争を生き抜いた永手にしては手ぬるく感じる。

この処分の軽さから、神託は称徳天皇の指示を受けて弓削浄人が実行したと推測できる余地がある。天皇の命令に従っただけの臣下を厳しく断罪しては、誰も天皇の命令を聞かなくなる。正史に記されていないが、永手らが落としどころを考えたのではないだろうか。

由義寺と由義宮

由義寺は、弓削氏の氏寺である弓削寺を整備し、好字（良い意味の字）をあてた寺院。塔基壇跡は見つかったものの、他の建物は見つかっていない。塔だけを建てたという見方もできるが、称徳天皇が寺で仏像を拝んでおり、本尊を安置した金堂があったのは確実だ。すると、当然、講堂や中門、回廊といった伽藍《がらん》が整備されていたに違いない。

塔の数はどうだったか。東大寺や大安寺など国家的寺院は東西塔が並ぶのが一般的だった。由義寺も東西二つの塔が立っていた可能性が高い。

ここで問題がある。由義寺の立地は旧大和川水系の二つの支流に挟まれた沖積地に立つ。造営できる場所は限られており、しかも今回の調査地の東側は発掘調査で遺構が確認できず、南側は川で寺域が広がる余地がない。

八尾市教育委員会の委託を受けて調査を担当した公益財団法人八尾市文化財調査研究会の樋口薫氏は「塔があるとすれば、西側の新興住宅地。未調査なので、何十年か経って住宅が建て替えをするようなら、そのときに確認できるかもしれない」と指摘する。西側に塔跡が見つかれば、今回見つかった塔跡は東塔になる。伽藍は北に広がっていたのではないか。

由義寺の全容解明も待たれるが、近くには、称徳天皇がたびたび訪れた由義宮（西宮）があった。由義宮の実態は、まったくわかっていない。

由義宮は、称徳天皇が天平神護元年に訪れた「弓削行宮」を利用したらしい。『続日本紀』では、四年後の神護景雲三年に称徳天皇が「由義宮」を訪れたと記されているから、この頃には正式な宮殿としての体裁が整っていたのだろう。同年の記述では、〈詔して、由義宮を以《もっ》て西京と為《な》し、河内国を河内職と為す〉とある。「西京」とは東の平城京に対する都であることを宣言したもの。「京」というぐらいだから、由義寺と由義宮以外に役所や臣下の邸宅などもあったのだろう。さらに言えば、平城京のような碁盤目状の条坊道路も整備しかけていたのではないか。「職」とは、「国」より権限の強い古代の行政組織。父の聖武天皇が平城京と難波《なにわ》京、東西二つの都を置いたのにならったのだろうか。称徳天皇の本気度が伝わる。だが、称徳天皇没後、河内職は元の河内国に戻る。八尾市教育委員会の関係者と「もう数年、称徳天皇が長生きしていたら、八尾が日本の都として歴史に残ったのにね」と笑いあった。

塔基壇跡の北側には「古屋敷」「宮前」「宮東」「西門」などいわくありげな字名が残る。今回の調査地も「古屋敷」という字名だった。地名がいつの時代にさかのぼるか、宮殿跡の存在を示唆しているのかはわからないが、大きな手がかりになるだろう。八尾市教育委員会の今後の調査が待たれる。

下野薬師寺の瓦

塔基壇跡の調査では、塔の屋根に葺《ふ》かれていたとみられる様々な種類の瓦が出土した。ふぞろいに見えかねず、一棟の建物としては異例なことだ。

調査担当の樋口薫氏は出土した軒瓦の破片六八八点（軒丸瓦二四九点、軒平瓦四三九点）すべての型式を調査した。一部しか残っていないものも多く、地味で根気のいる作業に頭が下がる。その結果、軒丸瓦は一七型式一七種類、軒平瓦は二三型式二八種類に上った。

このうち、由義寺専用とみられる軒丸瓦が二三％、軒平瓦が六三％を占め、残りは東大寺や西大寺など平城京内にあった国家的な大寺院に供給された瓦だった。その中に注目すべき軒平瓦の破片一点（残存の幅二〇センチ、奥行き一二センチ、高さ六センチ）が確認できた。下野薬師寺のものだったのだ。

下野薬師寺は七世紀後半、下毛野《しもつけの》氏の氏寺として創建され、八世紀前半に東国の仏教施策の中心となったとされるが、創建や伽藍整備の過程には謎が多い。

「下野薬師寺の整備に道鏡が関わり、そのため称徳天皇の没後、下野薬師寺の別当になったのでは。そうなれば、道鏡の知られざる営みが見え、ひいては道鏡の再評価のきっかけになるのではないか」。樋口さんはそう推測して栃木に向かった。

その結果は、期待通りにはいかなかった。同じ型だった下野薬師寺の瓦は約一四〇点出土していたが、七二〇年ごろに製作されたものだったのだ。由義寺より古く、平城京にあった型で造ったか、保管されていた予備の瓦を転用したと考えられた。樋口さんは「なかなか都合よくいきませんね」と苦笑していた。

樋口さんは「称徳天皇の病が重くなり、完成を急いだため、あちこちから瓦をかき集めて完成を急いだのではないか」と推測する。私もそれが自然な見方だと考える。

ただ、下野薬師寺の瓦があったことにこだわりたい。道鏡の悪評は、平安時代末〜鎌倉時代に創られ、江戸時代に面白おかしく語られた。戦前の皇国史観の時代には、もってのほかの人物だったろう。そうした虚像の陰に実像が隠されている。

称徳天皇と淳仁天皇、藤原仲麻呂、吉備真備、藤原永手、和気清麻呂――。これらそうそうたる人物の権力闘争に翻弄された僧侶が、道鏡ではなかったか。由義寺の塔基壇跡の発見と、下野薬師寺と関わりのある発見は、やはり道鏡について考える新しい手がかりとなる。道鏡は下野薬師寺で没したが、かの地での営みは何も明らかになっていない。『続日本紀』によれば、道鏡の肩書きは、「造下野薬師寺別当」。下野薬師寺の伽藍整備に関わったことをうかがわせる。伽藍は完成していたから閑職だったという説もあるが、そうだろうか。由義寺と下野薬師寺、二つの古代寺院跡が、道鏡の実像解明の鍵を握っている。

コラム⑤　捏造事件後の旧石器

二〇〇〇年に発覚した旧石器捏造《ねつぞう》事件は、考古学や埋蔵文化財行政に大きな問題を突きつけた。たった一人の調査担当者が四半世紀にわたって数千年前の縄文時代の石器を数十万年前の前・中期旧石器時代の地層に埋め、日本列島に前・中期旧石器時代の人々がいたことが定説となってしまった。捏造は言語道断だが、多くの専門家がそれを見抜けず、成果を行政が街おこしにまで使ってしまったところに、最大の問題点がある。専門家や報道機関などのチェック機能が働いていれば、捏造が長年放置されることにはならなかったはずだ。二〇年余りたった今でも完全な解決にはいたっていないように思える。

二〇〇三年、日本考古学協会の前・中期旧石器問題調査研究特別委員会は、大部《たいぶ》の『前・中期旧石器問題の検証』を刊行し、事件を総括した。だが、前・中期旧石器時代の研究は白紙に戻り、この時代の研究は腫物《はれもの》に触るかのような状況になってしまった。

それゆえ、島根県出雲市の砂原《すなはら》遺跡で、約一二万年前の中期旧石器時代の地層から、国内最古の石器二〇点が見つかったと学術発掘調査団が発表したとき、捏造事件を乗り越えることになる勇気ある発表だと喝采《かっさい》した。研究者の中には慎重論もあったが、私は地層などに基づく年代決定の経緯などを取材し、「日本の旧石器時代研究を再構築する第一歩になる」と確信した。成果は二〇〇九年九月三〇日の読売新聞一面で報じた。

だが、翌年五月二三日、東京・国士舘大学で開かれた日本考古学協会の総会で驚くべきことが起きた。調査団の代表が、出土した火山灰層の年代の認識が変わったことを理由に、石器の年代を「七万年前～一二万七〇〇〇年前」と変更し、「最古」ではなく、「最古級」と修正したのだ。中期旧石器時代ではあるが、「一二万年前」より「七万年前」に近いニュアンスだった。

発表後、数人の報道陣が代表を囲んで「どういうことなんですか？」「今後検証するんですか？」と口々に尋ねると、「火山灰層の同定が難しく、よりよい資料が見つかったので修正した。私は多忙なので、検証は地元の方にしてもらいたい」との話だった。代表のつれない態度にも驚いたが、訂正された数字は、翌日の読売新聞に掲載した。

調査団は二〇一三年、地層の再検討で年代を約一一万～約一二年前と再修正、石器を「日本最古」と結論付けた。結局、元に戻ったわけである。しかし、こう何度も修正が続くと、さらなる修正の懸念もある。新聞記事として紹介するには躊躇《ちゅうちょ》せざるを得なかった。

専門家の主張を報道機関がすぐに検証することは難しい。それでも「考古学的な発見」が真実なのか、学問的な正確性を担保しながら、報道する作業が求められる。砂原遺跡のケースは、それがいかに難しいかを示す典型的な例となった。

あとがき

新聞記者生活三〇年のうち、三分の二を、考古学や埋蔵文化財を主に取材する「文化財記者」として過ごしてきた。奈良県橿原市で八年余り、大阪市で一二年余りになる。大学では国文学を専攻、卒業論文のテーマに古事記の出雲神話を選び、古代について若干の知識はあったものの、考古学については、ずぶの素人だった。

このため考古学は取材を通して、発掘調査現場で少しずつ学ぶことになった。弥生時代の集落跡を発掘している担当者に「出土したのは須恵器ですか？　土師器ですか？（もちろん答えは弥生土器）」と聞いてあきれられ、にわか勉強の学説を引用しつつ「こうではないですか？」と専門家に質問をすると、「門前の小僧、習わぬ経を読むですな」と鼻で笑われた。それどころか、「何にもわかっていないな。あんたじゃ話にならん」と門前払いされたことも一度や二度ではない。当方の勉強不足、経験不足は歴然たる事実。大量の冷や汗とともに恥もかきつつ、遺跡の宝庫と言える奈良と大阪の地で、一年また一年と知識を身につけ、経験を重ねてきた。

今では、「素人」というと考古学研究者の友人や知人から「今さら何を言うか」とお叱りを受けるかもしれないが、新聞記事を書くにあたっては、難しいこともわかりやすく紹介できるよう、素人の目線を大切にしている。そうして私が現場で感じた素人的な面白さを、記事を通して読者と共有したいと常々、考えてきた。

自分の記者生活が三〇年という一つの節目を迎え、文化財報道にとっても五〇年という大きな節目に近づき、これまでの取材で記事に収まりきらなかった部分や、取材をきっかけに考えたことについて、ふと、まとめてみたいという気持ちになった。多くの発掘現場に足を運んできたが、時間が経つにつれ、情報過多で頭の中は乱雑になり、収拾がつかなくなっていた。原稿を書くうちに、自分の興味の行方や考えについて整理することができるのではないかという目論見もあった。

文化財報道五〇年を概観しようとしたが、すべてを網羅するのは私の能力を超えているので、今回、扱う遺跡の年代を古代に絞り、高松塚古墳壁画の劣化問題をはじめ、今日の文化財報道の重要なテーマや、すぐには答えの出ない問題、すなわち私のような「素人」の思いつきや想像の入り込む余地があるテーマを中心に書くことにした。概して当初の目的は達成できたと思っている。筆が走りすぎた部分があるとしたら、文化財報道への情熱ゆえとご寛恕いただきたい。

末筆ながら、読売新聞大阪本社をはじめ関係諸機関、多くの方々のご指導とご鞭撻に加え、家族の温かい理解と励ましによって本書が刊行できることに、心より感謝したい。

二〇二一年三月

関口和哉

主な参考文献　※順不同

◆はじめに―なぜ文化財を報じるのか

金関恕、池上曽根史跡公園協会編『季刊考古学別冊12　ジャーナリストが語る考古学』雄山閣、二〇〇三年
中村俊介『文化財報道と新聞記者』吉川弘文館、二〇〇四年
関口和哉「遺跡報道を考える」『納谷守幸氏追悼論文集　飛鳥文化財論攷』明新社、二〇〇五年
森浩一『地域学のすすめ―考古学からの提言―』岩波新書、二〇〇二年

◆第一章　古墳壁画の危機と文化財保存

橿原考古学研究所編『壁画古墳高松塚　調査中間報告』便利堂、一九七二年
文化庁『国宝高松塚古墳壁画―保存と修理―』第一法規出版、一九八七年
高松塚古墳取合部天井の崩落止め工事及び石室西壁の損傷事故に関する調査委員会『高松塚古墳取合部天井の崩落止め工事及び石室西壁の損傷事故に関する調査報告書』文化庁、二〇〇六年
毛利和彦『高松塚古墳は守れるか　保存科学の挑戦』NHKブックス、二〇〇七年
高松塚古墳壁画劣化原因調査検討会『高松塚古墳壁画劣化原因調査報告書』文化庁、二〇一〇年
国立科学博物館、毎日新聞社、TBS編『世界遺産ラスコー展』毎日新聞社、TBS、二〇一六～二〇一七年
関口和哉「〈文化財〉取材日記　壁画古墳を守る」『本郷第一四三号』吉川弘文館、二〇一九年
キトラ古墳学術調査団編『キトラ古墳学術調査報告書』明日香村教育委員会文化財課、一九九九年

奈良文化財研究所編『特別史跡キトラ古墳発掘調査報告書』文化庁、奈良文化財研究所、奈良県立橿原考古学研究所、明日香村教育委員会、二〇〇八年
文化庁、東京国立博物館、奈良文化財研究所、朝日新聞社『特別展「キトラ古墳壁画」』朝日新聞社、二〇一四年
奈良文化財研究所編『キトラ古墳天文図星座写真資料』奈良文化財研究所、二〇一六年
飛鳥資料館『キトラ古墳と発掘された壁画たち』奈良文化財研究所、二〇〇六年
飛鳥資料館『キトラ古墳壁画十二支―子・丑・寅―』奈良文化財研究所、二〇〇八年
関口和哉「『罹災美術品目録』と『大正震災志附録』の比較検討」『日本伝統文化研究　日本伝統文化学会設立記念号』日本伝統文化学会、二〇一六年

◆第二章　世界遺産と陵墓問題

森浩一『天皇陵古墳への招待』筑摩選書、二〇一一年
白石太一郎編『天皇陵古墳を考える』学生社、二〇一二年
「陵墓限定公開」30周年記念シンポジウム実行委員会編『「陵墓」を考える　陵墓公開運動の30年』新泉社、二〇一二年
今尾文昭、高木博志編『世界遺産と天皇陵古墳を問う』思文閣、二〇一七年
今尾文昭『天皇陵古墳を歩く』朝日選書、二〇一八年
明日香村教育委員会文化財課編『牽牛子塚古墳発掘調査報告書』明日香村教育委員会文化財課、二〇一三年
奈良県立橿原考古学研究所編『東明神古墳の研究』高取町教育委員会、一九九九年
関口和哉「〈文化財〉取材日記　世界遺産登録と天皇陵古墳」『穂本郷第一四六号』吉川弘文館、二〇二〇年

◆第三章　国際化のなかの古代日本

中近東文化センター『ギーラーン　緑なすもう一つのイラン』財団法人中近東文化センター、一九九八年
野田裕『幻の瑠璃碗を求めて』東京新聞出版局、一九八一年
L・I・アリバウム『古代サマルカンドの壁画』文化出版局、一九八〇年
奈良国立博物館『第六十六回「正倉院展」目録』奈良国立博物館、二〇一四年
奈良国立博物館『第七十一回「正倉院展」目録』奈良国立博物館、二〇一九年
青木健『ゾロアスター教』講談社選書メチエ、二〇〇八年
青木建『新ゾロアスター教史―古代中央アジアのアーリア人・中世ペルシャの神聖帝国・現代インドの神官財閥』刀水書房、二〇一九年
レスリー・アン・ジョーンズ『フレディ・マーキュリー　孤独な道化』ヤマハミュージックメディア、二〇一三年
関口和哉「〈文化財〉取材日記　ロックスターと拝火教」『本郷第一四八号』吉川弘文館、二〇二〇年
読売新聞大阪本社、奈良国立博物館編『シルクロード紀行　正倉院へとつづく道』ミネルヴァ書房、二〇一一年
全南文化財研究所『咸平金山里方台形古墳』全南文化財研究所、二〇一五年
高田寛太『「異形」の古墳　朝鮮半島の前方後円墳』角川選書、二〇一九年
関口和哉「〈文化財〉取材日記　韓国の前方後円墳」『本郷第一四七号』吉川弘文館、二〇二〇年
大阪府教育委員会文化財保護課編『蔀屋北遺跡Ⅰ』大阪府教育委員会、二〇一〇年
大阪大学大学院文学研究科編『野中古墳と「倭の五王」の時代』大阪大学出版会、二〇一四年
大阪府立近つ飛鳥博物館編『年代のものさし―陶邑の須恵器―』大阪府立近つ飛鳥博物館、二〇〇六年

◆第四章　邪馬台国論争は決着するか

苅谷俊介『土と役者と考古学』山と渓谷社、二〇〇三年
奈良県立橿原考古学研究所『纒向（第5版）』桜井市教育委員会、一九九九年
石野博信『シリーズ「遺跡を学ぶ」051　邪馬台国の候補地・纒向遺跡』新泉社、二〇〇八年
中村俊夫「纒向遺跡出土のモモの核のAMS14C年代測定」『纒向学研究第6号』桜井市纒向学研究センター、二〇一八年
清水眞一『シリーズ「遺跡を学ぶ」035　最初の巨大古墳・箸墓古墳』新泉社、二〇〇七年
奈良県立橿原考古学研究所編『黒塚古墳の研究』八木書店、二〇一八年
奈良県立橿原考古学研究所編『ホケノ山古墳の研究』奈良県立橿原考古学研究所、二〇〇八年
奈良県立橿原考古学研究所編『3次元デジタルアーカイブ　古鏡総覧』学生社、二〇〇六年
益富寿之助『正倉院薬物を中心とする古代石薬の研究』益富寿之助、一九五七年
光谷拓実『日本の美術第四二一号　年輪年代法と文化財』至文堂、二〇〇一年
七田忠昭、小田富士雄『日本の古代遺跡を掘る2　吉野ヶ里遺跡―「魏志倭人伝の世界」』読売新聞社、一九九四年

◆第五章　古代史の常識を疑う

横田健一『人物叢書新装版　道鏡』吉川弘文館、一九九八年
北山茂夫『女帝と道鏡　天平末葉の政治と文化』講談社学術文庫、二〇〇八年
八尾市教育委員会編『大阪府八尾市所在　由義寺跡　遺構確認調査報告書　―塔基壇の調査―』八尾市教育委員会教育総務部文化財課、二〇一八年
八尾市立歴史民俗資料館『令和元年度特別展　由義寺発見！―国史跡指定記念―』公益財団法人八尾市文化財調査研

究会、二〇〇一九年
所功、久禮旦雄、吉野健一『元号　年号から読み解く日本史』文春新書、二〇一八年
関口和哉「〈文化財〉取材日記　元号の始まりとは」『本郷第一四五号』吉川弘文館、二〇二〇年
奈良文化財研究所『飛鳥藤原京木簡一―飛鳥池・山田寺木簡―解説』奈良文化財研究所、二〇〇七年
奈良文化財研究所『飛鳥藤原京木簡二―藤原京木簡一―解説』奈良文化財研究所、二〇〇九年
奈良県立橿原考古学研究所『史跡・名勝飛鳥京跡苑池（一）―飛鳥京跡Ⅴ―』奈良県立橿原考古学研究所、二〇一二年
市大樹『飛鳥の木簡――古代史の新たな解明』中公新書、二〇一二年
飛鳥資料館『蘇我三代』奈良国立博物館、一九九五年
千田稔・金子裕之編著『飛鳥・藤原京の謎を掘る』文英堂、二〇〇〇年
吉村武彦『蘇我氏の古代』岩波新書、二〇一五年
奈良県立橿原考古学研究所附属博物館編『秋季特別展　蘇我氏を掘る』奈良県立橿原考古学研究所附属博物館、二〇一六年
村上隆『金・銀・銅の日本史』岩波新書、二〇〇七年
飛鳥資料館『飛鳥池遺跡』奈良国立文化財研究所、二〇〇〇年
飛鳥資料館『よみがえる飛鳥の工房―日韓の技術交流を探る―』奈良文化財研究所、飛鳥資料館、二〇一八年
木下正史、佐藤信編『古代の都1　飛鳥から藤原京へ』吉川弘文館、二〇一〇年
相原嘉之『飛鳥・藤原の宮都を語る　「日本国」誕生の軌跡』吉川弘文館、二〇一八年
明日香村『明日香村史（全3巻）』明日香村史刊行会、一九七四年
明日香村『続　明日香村史（全3巻）』明日香村、二〇〇六年

奥田尚、米田敏幸『高安城の外郭線―探索一年を終えて―』タイヨウシャ、二〇〇二年

■著者略歴

関口和哉（せきぐち かずや）

1966年、栃木県日光市生まれ。同志社大学文学部文化学科国文学専攻卒業。1990年、読売新聞大阪本社入社。鳥取支局を振り出しに、社会部主任、文化部編集委員などを経て現在、橿原支局長。日本考古学協会員。

共著に『飛鳥・藤原京の謎を掘る』（文英堂、2000）、『シルクロード紀行―正倉院へとつづく道―』（ミネルヴァ書房、2012）など。

2021年7月25日　初版発行

《検印省略》

新聞《しんぶん》記者《きしゃ》が見《み》た古代《こだい》日本《にほん》

―発掘《はっくつ》の現場《げんば》から―

著　者　関口和哉

発行者　宮田哲男

発行所　株式会社 雄山閣

〒102-0071　東京都千代田区富士見2-6-9

TEL　03-3262-3231 / FAX　03-3262-6938

URL　http://www.yuzankaku.co.jp

e-mail　info@yuzankaku.co.jp

振　替：00130-5-1685

印刷・製本　株式会社ティーケー出版印刷

ISBN978-4-639-02774-4 C0021
N.D.C.210　224p　19cm